拯救

如何在世界危機中變得強大？

Laitman Kabbalah Publishers
www.kabbalah.info
ISBN: 978-1-77228-113-2

麥可・萊特曼 著　周友恒 編譯

The blind person drives the blind people.
The blind people guide the blind person.
（一個瞎子驅使著一群瞎子往前進，
這群瞎子又反過來指引著那個瞎子。）

沒有遠見，人類將滅亡。
Where there is no vision, people perish.

——Proverbs 29：18, Bible〈箴言〉《聖經》

將你的心向我敞開一點點，我會將整個世界揭示給你！

Open your heart slightly to me and I will reveal the whole world to you!

——《光輝之書》

「到目前為止，人類一直在和自然對立；從現在起，人類必須站起來開始對抗自己的本性。」

——鄧尼斯・伽柏（Dennis Gabor）《創造未來》1964 年

「真相最大的敵人不是惡意謀劃，也不是不誠實的謊言，而是那些人們一直相信卻不真實的神話。」

——美國前總統 約翰 · 甘迺迪

英文中的危機（Crisis）在中文中是由兩個字“危”和“機”共同組成的，“危”代表危險，“機”則代表機會，面對一場危機，既要意識到危險，更要認識到機會。

——約翰・甘迺迪

我們要好好利用地球這頭乳牛為我們多賺點錢！？

譯者前言——拯救就在你自己的選擇之中

「沒有遠見，人類將滅亡。」〈箴言〉，29：18，《聖經》

「沒有問題可以在產生它的那同一個意識層面上被解決。」

——愛因斯坦

人類目前面臨的所有問題和危機的根源，都出自於我們對這個世界、宇宙以及我們自己是誰的無知？

實際上，人類現在出現的問題是必然的，也是必須要經歷的。危機和災難實際上並不是什麼新的名詞，人類的文明史某種意義上來說就是一部危機和災難的歷史，人類正是在應對危機和災難中成長的。但是如果說我們在歷史上好像無論如何都「成功」地應對了危機和災難的話，那麼，現在人類面臨的全面危機卻讓全人類感到束手無策甚至開始絕望。

難道真的像愛因斯坦所講，如果我們不超越我們自己現在所處的這個意識層面，提升到一個更高的意識層面上的話，我們面臨的問題就不可能在我們現在所處的這個意識層面上得到解決？那麼假定愛因斯坦講的是真的，而且我們目前的處境也使得我們不得不認為愛因斯坦的斷言是正確的。

人類幾千年的文明發展，危機災難應對的歷史已經充分證明了人類在解決自身面臨的問題上的無助和無能。至今，人類已經嘗試了各種主義和制度，嘗試了各種手段，任其為宗教的、哲學的、科學的或經濟的手段等，但似乎任何思想、任何主義都沒有實現其初始時的美好承諾，人類不但沒有真正從根本上解決任何其面臨的問題，反而越加深入地陷入了更大危機和絕望的泥淖，以致於到了一個全球毀滅的地步。

現在，無論是小到個人、家庭還是大到國家，人類在各個層面上遭遇的無助和對問題的無解其實正是人類解決問題的歷史的寫照。但實際上，按照卡巴拉智慧，到達一種無解和絕望的狀態是真正拯救的開始。

無解是在我們所處的這個意識層面遭遇到的情形，而拯救只有在我們對以前的應對方法感到絕望，超越過去並提升到一個新的意識層面上找到解決的辦法時才能實現。當我們透過反思，發現並承認我們在我們所處的這個意識層面不可能解決危機和問題的時候，那個終極解決問題的時機才會出現。正是這種無助和絕望的感覺迫使我們去反思我們的過去和歷史的經驗和教訓，迫使我們從歷史的視角、全球的視角、全人類和全宇宙的視角來審視人類文明的歷史，看我們在哪裡錯了。

人類現在正處在一個偉大的歷史機遇點上。實際上，自宇宙大爆炸以來一百四十多億年的進化就為著這一天的出現和到來。這一天的到來伴隨的，不是歷史上曾經發生的任何一次革命、主義或王朝的更替，更不是地球毀滅、人類滅絕的世界末日。而是需要人類在意識層面上的一個徹底的飛躍。如果我們能夠透過認識到危機和災難背後隱藏著的宇宙創造的奧祕和其背後的宏偉藍圖，那麼拯救的時機就會到來，那時，人類將不但不會痛恨和咒罵危機和災難，我們甚至會擁抱和親吻危機和災難。因為正是災難和危機告訴了我們錯在哪裡，從而幫助我們找到那條通往光輝燦爛的明天的道路。

而要提升到這一新的意識層面，則需要我們思考、反思並回答那些曾經折磨著我們人類心智的、直至我們不再願意去面對的有關生命意義和宇宙創造的根本性問題；因為，如果我們回答不了這個問題，危機就不會結束；因為這正是所有危機和災難發生的原因。

歷史上所有的思想、宗教、哲學都看到了是人類的慾望導致了人類所有的邪惡、痛苦、戰爭和掙扎，因此，都試圖去壓制或是去馴服慾望。那麼，人類的慾望到底是什麼？它是怎麼產生的？最重要的，它為什麼產生？它產生的目的是什麼？它要把人類及其賴以生存的地球（宇宙）帶向何方呢？

歷史已經證明，想要壓制或馴服慾望以達到或實現幸福人生的所有嘗試都沒有成功。人類的慾望不但沒有消滅或降低，反而在不斷增長並達到了一個足以使人類毀滅的程度。實際上，慾望根本不可能也不應該被消滅，道理很簡單，大家試想一下：一旦人類沒有了慾望，這個世界會怎樣，文明和歷史的車輪是否會戛然而止呢？而且，實際上慾望根本不可能被壓制住，因為慾望根本不受我們人類自身的控制，它隨著時間的推移變得越來越強烈。就像積聚的火山終究要噴發一樣。這個慾望曾經使歐美發達國家實現了工業和現代化，現在也正在伴隨中國和印度等國家的發展；某種程度上講，中國和印度等國近幾十年的經濟高速增長就是被壓抑了幾千年的欲望的火山噴發所導致的結果，或者多少有某種關聯。但問題是這種迅速噴發的結果是，經濟發展了，人類賴以生存的環境卻被破壞了，美好的未來好像也漸行漸遠，而我們的發展真正在追求的幸福感則被對生活的不安全感，人生的空虛，災難的恐懼，未來的焦慮等等所取代，或是卻怎麼也找不到了。

難道人類的命運註定就是：生不由我，死不由我，就連我們在生與死之間活在這個人世的短暫時間內的命運都是這樣目標盲目，過程無助，結果悲慘嗎？就在我們眼前，曾經輝煌的美國道路，歐洲道路，日本道路……都遭遇到了死胡同，中國道路還在艱難摸索，但是已經險象環生。難道我們人類追求幸福的努力註定會以全人類的毀滅作為終結嗎？

如果，你還像現在或昨日那樣，繼續在生活的洪流中隨波逐流，或者正像美國前總統約翰・甘迺迪所說，「真相最大的敵人不是惡意謀劃，也不是不誠實的謊言，而是那些人們一直相信卻不真實的神話。」繼續被那些虛假的目標和神話矇著雙眼，而「看」不見前方的話。那麼，答案是：是的，我們將會毀滅。

但是，如果我們能夠像卡巴拉的巔峰著作，寫於大約 2000 年前的《光輝之書》所說，「將你的心向我敞開一點點，我會將整個世界揭示給你！」，將那些所有我們曾經認為已經掌握的「真理」和「神話」放在一邊，不設置任何阻礙，真正敞開我們的心扉，接受卡巴拉智慧流經我們的心田，滋潤我們乾渴的心田，讓那個深藏在我們心底最深處的「心裡之點」衝破奴役著我們的自我的桎梏，孕育生長出來，從而引領我們找到那條隱藏著的通向永恆和完美的道路的話，答案則是：我們將會步向永恆和完美的未來！

我們人類現在正處在一個抉擇的十字路口，我們現在的處境就像在一個前後左右都是懸崖峭壁的山尖上，不知道下一步怎麼走，不知道未來會怎樣，往前走，無路；往後走，無路；往左走，無路；往右走，無路；上不去；也下不去，那麼，第一，是否有路？第二，路在何方？

所以，生存還是死亡的選擇，是一次真正的自由選擇，是一次意識的覺醒，是一次超越，是一次絕望中的回頭一瞥，是敞開的心扉對真理智慧的接受。拯救就在你自己的選擇之中。就在對你自己的認識過程當中。

本書由當代最偉大的卡巴拉學家麥可・萊特曼博士的一本著作、五場精彩對話和三篇演講所組成。

第一部《拯救你自己，如何在世界危機中使自己變得更強大》是萊特曼博士專門針對 2008 年世界金融危機後分析危機發生的真正原因，如何應對危機，使自己變得真正強大的針對性著作。

第二部由萊特曼博士在不同時期的五次精彩對話組成：內容涉及經濟危機、自然災害、戰爭與和平、愛和婚姻幸福和利己主義的目的等非常深奧又與我們切身利益相關的主題。相信讀者會從中找到某些困擾著我們整個人類和個人的問題的答案或啟示。

第三部由萊特曼博士早在 2006 年前後，在世界智慧理事會年會等會議上的發言稿所組成。

我們今天將這些萊特曼博士寫於早些年間的著作、對話、演講編輯成一本叫做《拯救》的中文著作，一方面，是這些早期著作蘊含的永恆真理，正好可以透過在這幾年頻繁發生的各種危機和災難得到印證。另一方面，萊特曼博士所傳達的應對危機方法在危機四伏的今天更具有現實的意義。因為畢竟這個智慧就是今天人類真正需要它的時候，才會揭示給人類並指引人類走出危機，邁向真正光輝燦爛的明天的。

目錄

第一部　拯救你自己：如何在世界危機中變得強大

第一章　危機的種子

第二章　向自然學習

第三章　獲得平衡的過程

第二部　萊特曼博士有關危機和其解決之道的對話

第三部　萊特曼博士有關危機和解決之道的演講和對話

附錄

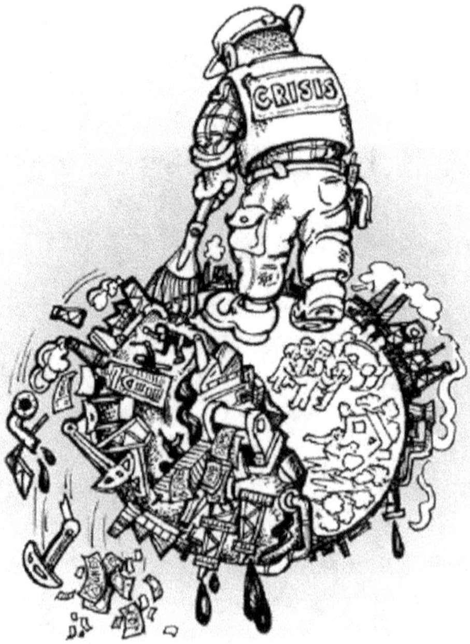
CRISIS

| 第一部 |

拯救你自己

如何在世界危機中變得強大

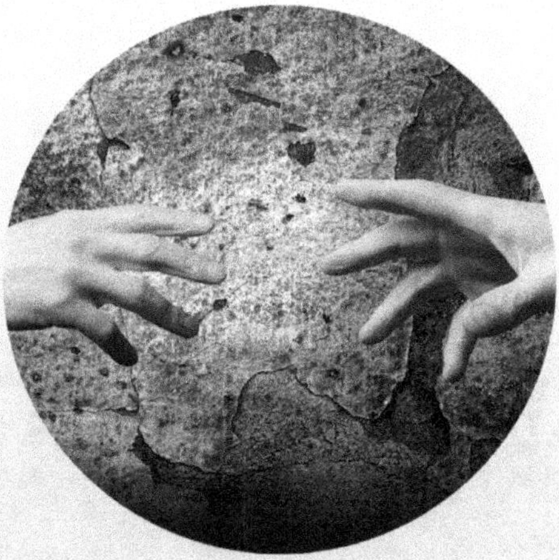

萊特曼博士獨到和深刻的見解，使得他在對全球金融危機的解讀方面有別於一般世人，使得人們不但瞭解產生這次世界金融危機以及其它危機的那些根本原因，並且針對這些根本原因提出了相應的化解措施，實際上，根據卡巴拉智慧，這些危機的產生是必然的，其產生的原因就是為了使人類不得不去尋找產生這些危機的根本原因和為什麼會以及為什麼要產生這些危機，只有真正瞭解了這些，才能真正做到轉「危」為「機」。萊特曼博士在本書中介紹了幾個非同尋常的概念，這些概念共同形成了應對危機的一套完整的解決方案：

1. 金融危機和所有其他危機在實質上並不是金融的危機或任何其他表面上看起來的危機，而是心理的危機，人與人之間關係的危機，信任的危機在金融等領域的外在顯現：也就是人們彼此之間的信任已經終止，而沒有信任就沒有交易，只有戰爭、分離和痛苦。

2. 但是這種不信任是一個自然發生的過程，有著其發生的必然性，這個過程已不斷發展進化了數千年，而今天的結果不過是這整個發展過程累積出的一個顯化的結果而已。

3. 要想解決這場危機，我們必須先瞭解創造這種人與人之間、人與自然之間的疏離、引發了這些危機的根本原因和過程，以及隱藏在危機背後的深層次的目的。

4. 首先也是最重要的步驟，是要透過類似本書一樣的著作，透過電視、電影和其他大眾媒體來告訴民眾，讓他們瞭解這場危機實際上是一個自然的必然的過程。

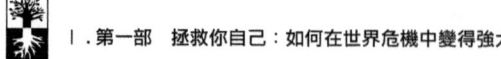

5. 一旦大家都瞭解了這一資訊和真相，就可以重新改造我們的關係，並在信任、合作和關愛的基礎上重新建立它們。這一整套危機解決之道將維持我們和我們的子孫在蓬勃發展的同時，獲得真正的個人幸福，而不是像今天我們面對的這個世界，大部分國家和個人無法再向前發展，或者不知道如何保持持續發展，經濟發展和生態可持續性及社會平衡等各個方面都到了一個顧此失彼、徹底失衡的狀態。

但願本著作能夠為人們在瞭解危機本身和危機的根源以及危機的積極方面獲得一種全新的視角，進而從根本上解決危機，拯救自己，拯救社會，拯救世界！

第一章

危機的種子

我們現在正在面臨的全球危機並非開始於我們的金融體系的崩潰。其實危機爆發的種子在很久以前它就已經存在了——它深深根植於我們人類的本性之中。為了弄明白我們怎樣才能將我們自己從這場危機中解救出來，我們需要弄清楚為什麼我們自己的本性要將我們自己置於這種與自然的衝突過程當中。

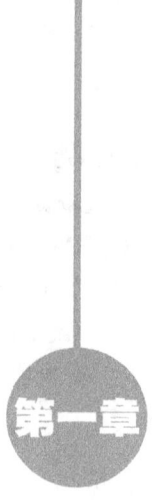

1 擁有地圖和指南針，卻還是迷了路

大約早上九點，我在雷尼爾山北邊斜坡的停車場停好了我的豐田汽車，然後和我的朋友喬希下了車。我們的計畫是徒步走下去，到達瀑布谷，在那裡過夜，第二天再遠足出來。天氣預報說，今天會是個晴朗、陽光明媚的七月的一天，所以我們很有信心下午晚些時候就可以在野營地燒開水準備晚餐了。

我們打算第二天就回到停車場，所以相應的食物和水帶得很少。可是一旦進入山中，你不知道會發生什麼。走上小路後過了大約一個小時，天氣突然變了。

烏雲飄進山裡，前面的路被濃濃的霧氣遮蔽了。我們只知道這條小路會把我們引向那個山谷，並且希望霧氣在我們下山時能夠消散，但我們想錯了，不僅霧氣濃厚得使我們幾乎看不到前方腳下的路，甚至這條小路也在蔓延的雪地中消失了。這使我們變得方向全無，全然不知道要往哪個方向走。

我和喬希看不到前進的方向，也不知道自己目前確切的位置，所以被迫開始依靠我們有限的導航技能。我們不情願地拿出地圖和指南針做為嚮導（那時，GPS 仍然是最機密的軍用設備）。對我們來講只有兩件事情是清楚的，一是我們只是模糊地知道自己在哪裡，二是清楚我們的目的地——瀑布谷（它的命名如此之貼切）。我們希望只靠地圖和指南針指引我們穿越剩下的五英里崎嶇的山路，但漸漸地我們已經開始擔心自己能否成功到達目的地。

我們在我們自己假定的當前位置和那個目的地山谷之間畫了一條直線，將指南針的指標設到那個方向，並盡我們自己最大的能力順著它走。

我們知道在某一處我們應該向下沿著地形下到那個山谷，但眼下，我們連前面二十英尺外的路都看不見，甚至我們腳下的地形也顯示不出任何坡度。

更糟糕的是，我們剛剛還在行走的柔軟的草地變成了佈滿石頭的丘陵，迫使我們每一步都要小心翼翼。

幾個小時後，隨著夜色的降臨，我們的恐懼開始增加。這時，天空突然晴朗了一陣。我們一直以為我們就沿著向下通往那個山谷的路前進著，卻發現在我們的正前方出現的是雷尼爾山峰那白雪皚皚的壯麗景觀。

這時才發現我們真的迷路了。

夜晚即將來臨，而我們也沒有可以維持很多天的食物和水。我們知道公園護林者在不到我們的野外許可證過期幾天之後還不返回是不會來尋找我們的，而且也不知道我們無論誰萬一受傷的話，也不清楚到哪裡或者怎樣得到幫助。

當我們焦急地評估著我們面臨的危險處境時，緊張的聲音暴露出了我們的焦慮情緒，我們很快就開始為身陷這一困境而互相指責對方。有一陣子，由於極度恐懼，我們忘記了我們之間多年的友誼。但喬希和我已經是很長時間的朋友了，所以知道怎樣戰勝困境。經過短暫、嚴肅認真的討論後，我們發誓第二天早上無論千難萬險，都將共同一起找到那條路。由於不想再迷失得比現在更遠，或者碰到一隻遊蕩的熊，我們決定原地不動就在山脊上過夜。

讓我們感到輕鬆的是，第二天早晨，拂曉的天空就如同夏天的海洋般清澈湛藍。對照面前的地形和地圖上的地形及路徑，我們對所處的位置做了清醒的合邏輯的判斷。我們瞭解到，如果沿著山脊攀爬下去，很有可能就會遇到在地圖上看見的那些小路中的一條。

就這樣滿懷希望地開始攀爬下去。三個小時後，我們的膝蓋幾乎難以支撐我們走下那個陡峭濕滑的山脊（上面覆蓋著的松葉使它更危險），當我們突然在泥土中看見了人的腳印時，你可以想像我們當時有多高興了。過了不久我們發現了一條路，然後，很快找到了一個小小的寫著「瀑布谷」的木頭路標。

那時輕鬆和快樂的感覺簡直難以形容。我們知道我們重新獲得了生命。但更難得的是，我們清醒地意識到，是我和喬希的友誼和團結一心同心協力幫助我們脫離了這個困境。對我來說，雷尼爾山，尤其是瀑布谷，將永遠是一個團結力量的明證。

2 來自文明搖籃的教訓

今天，當我反思我們這個世界面臨的狀態時，那次在雷尼爾山冒險的經歷經常在我腦海中浮現。從不只一個角度來看，它與我們目前的近況都十分相似。

當我們審視人類目前面對的現狀時，一切似乎看起來都不甚樂觀，未來成功的跡象似乎微乎其微。但就像我和我的朋友能夠團結並成功走出那座危險的山脈，我們對人類的未來也應該充滿信心。為確保我們的成功，我們所需要的只是團結和合作。

實際上，團結和合作一直是自然、也是人類獲得成功的工具。這本書將會顯示，我們運用它們時我們就會繁榮昌盛，迴避它們時我們則會四分五裂。

大約四千年前，在幼發拉底河和底格里斯河之間，在一片廣闊肥沃叫做「美索不達米亞」的土地上，有一個叫做「巴比倫」城邦的繁榮社會。這座城市在當時生機勃勃。它就是我們現在稱之為「人類文明搖籃」的那個貿易中心。

就如同一個文明還處於其青春期，當時的巴比倫是一個充滿各種信仰和教義的大熔爐。占卜、紙牌算命、面相、看手相、偶像崇拜和很多其他神祕行為在巴比倫都很普遍和盛行。

在巴比倫那些最卓越和最受尊敬的人中間有一位叫亞伯拉罕的。這個人是一個祭司、一個偶像崇拜者，也是一個偶像崇拜者的兒子，但他同時也是一個非常有洞察力並且是非常有愛心的人。

亞伯拉罕發現他如此熱愛的人們之間正在漸漸產生分裂。巴比倫的居民之間曾經所感到的那種深厚的情誼正在平白無故地逐漸消失。

亞伯拉罕感到一個隱藏的力量正在開始發生作用，這種力量正在驅使人們彼此分裂。然而，他當時還不能理解這個力量到底從何而來，又為什麼在以前沒有出現過。在他隨後的探究中，亞伯拉罕對他自己的信仰體系和生活方式開始產生懷疑。他開始想要知道這個世界是如何被建立起來的，各種事情是如何並且是為何而發生的，以及他需要做些什麼才可以幫到他的同胞們。

帳篷中的智慧

亞伯拉罕，這個充滿好奇心、思想豐富的祭司，驚奇地發現這整個世界的運轉是由願望所驅動的——確切地說是由兩種願望：給予的願望和接受的願望。

他發現，為了創造這個世界，這兩種願望之間構成了一個法則體系，這個體系是如此深奧和涵蓋一切，以致於現在我們只能把它看作是一門科學。而在那時，「科學」這個術語還不存在，而且當時亞伯拉罕也沒有定義的需要。相反地，他只是致力於探索這些新規則，並搞清楚它們如何才能幫助那些他所熱愛的人們。

亞伯拉罕發現這些願望創造出了一個構成我們整個生命存在的網絡。它們不僅決定著我們的行為，也決定著整個現實中的一切——包括我們所想、所見、所感覺、所品嚐以及所觸摸到的一切事物。而且他瞭解到他發現的這個規則體系創造了一種維持這些願望之間平衡的機制，這樣的話一種願望就不會超越另一種願望。這些願望是動態並不斷在進化演變著的，亞伯拉罕發現人們之間之所以開始出現隔閡是因為在他們內心當中接受的願望開始超越那個給予的願望；這個接受的願望已經演變成一個以滿足自我利益、以自我為中心的願望，或者說是利己主義。

亞伯拉罕瞭解到能把這種分裂趨勢扭轉過來的唯一方法就是使人們團結起來，儘管利己主義還在不斷滋長。他知道，在人們日益增長的互相猜疑的表象下，一種隱藏著的全新水準的相互團結和友愛正等待著他的同胞。然而，為了到達這一新水準，他們必須團結起來。當時，亞伯拉罕知道他已經找到了那個導致他的巴比倫同胞不快樂的原因，並且他是如此地渴望他們也能夠發現這個原因，除此之外，別無他求。

但為了幫助他的同胞們發現他所發現的這個祕密，並重新恢復他們過去曾擁有的那種情誼和友誼，亞伯拉罕需要他的同胞們的合作。

他知道，除非他的同胞自己真正需要他的幫助，否則他無法幫到他們。雖然人們也都知道他們自己不快樂，但他們卻不知道原因是什麼。這樣一來，亞伯拉罕的任務就變成是向他們揭示導致他們痛苦的原因是什麼。

亞伯拉罕熱切地想儘快開始幫助他的同胞們，於是，他搭起一個帳篷並熱誠地邀請大家來做客，一起吃喝一邊聽他講述他發現的那些法則。

由於亞伯拉罕在那時是一個知名人士、一個著名的祭司，所以很多人都來聽他講。然而，卻只有很少一部分人被說服，而其他人，還是繼續過著他們的日子並尋求沿用那些他們早已熟悉的老方法去解決他們面臨的新問題。

但亞伯拉罕革命性的發現並非沒有引起當權者的注意，他很快便與尼姆羅德——當時巴比倫的統治者——對抗上了。在一場亞伯拉罕和精於當時教義的尼姆羅德之間的著名辯論中，尼姆羅德慘痛地敗下陣來。受到屈辱的他尋求報復，並試圖在火刑柱上燒死亞伯拉罕。然而，亞伯拉罕連同他的家人成功地逃離了巴比倫，避免了那場劫難。

這樣亞伯拉罕不得不開始過起一種遊牧生活，而無論走到哪裡，亞伯拉罕都會搭起帳篷，邀請當地居民和過客聽他講述他發現的那些自然法則。在他的旅程中，他的步伐遍及哈蘭、迦南、埃及，並最終又回到了迦南。

為了幫助傳播他的發現，亞伯拉罕撰寫了我們如今所知道的著名的《創造之書》(The Book of Creation) 這一著作，在這本著作中，他介紹了他揭示的本質。亞伯拉罕將自己的人生新目標，確定為向所有願意聆聽他的人們解釋和講解他的這些發現。自那時起，他的兒孫們以及其他向他學習的人們開創了一個從那時到現在一直在發展和運用他的方法的學者王朝。

《創造之書》以及他的學生們對這一學說的貢獻和發展確保了亞伯拉罕的發現能夠代代相傳，直到最終傳到真正需要這一方法的那一代人：我們這一代人！

3 願望的洪流

當我們回顧一下人類當時在巴比倫時代的狀態時，我們就可以開始理解為什麼尼姆羅德在當時會拒絕接納亞伯拉罕革命性的發現。因為，即使在人類已經花費了幾千年時間試圖尋求到那個可以解釋一切事物的單一的、完美的公式，幾千年後的今天，亞伯拉罕對現實的解釋都似乎簡單得令人難以置信——直到你開始實踐它。

如同我們在前一章節中所述，亞伯拉罕發現，現實是由兩種願望構成的。一種願望是給予，另一種願望是接受。他發現那些曾經存在過的、現在正存在著的和將來將要發生的一切事物都是這兩種力量之間相互作用的結果。

而當這兩種願望相互之間和諧地運轉時，生命在其過程中就會和平地開展並且呈現繁榮昌盛的狀態。然而，當它們互相衝突時，我們則必須應對這種衝突產生的嚴重後果——也就是我們會面臨巨大的災難和危機。

透過這些發現，亞伯拉罕瞭解到了這個宇宙和生命是如何開始以及如何進化的。我們的宇宙大約在一百四十億年前誕生，那時一次大規模的、永遠不會再重複的能量從一個微小的一點中突然向外爆發開來。天文學家稱之為「宇宙大爆炸」（Big Bang）。如同受孕時精子和卵子結合形成一個胚胎那樣，那個給予的願望和接受的願望在大爆炸時首次結合在一起，就這樣整個宇宙「受孕」開始了。因此，我們這個宇宙中存在的萬物都不過是這兩種力量相結合後產生出的各種的顯化形式而已。

就像胚胎中的細胞在受孕後就會立刻開始分裂並產生新生兒的肉體那樣，那個給予的願望和接受的願望就在那次大爆炸後也立刻開始形成我們這個宇宙的物質。然後，透過一個跨越上百億年一直持續到今天的進化過程，在這個過程中，在氣體交替膨脹和收縮中，星系和其中的星體就形成了。每一次氣體的膨脹都是那個給予的願望產生的結果，它擴張並創造，而每一次收縮都是那個接受的願望產生的結果，它吸收並收縮。

人類，就如同宇宙一樣，是一個由無數相互作用的元素構成的完美的系統。就像數十億星系構成了整個宇宙一樣，數十億人聯合起來組成了人類這個整體。又如同在每個星系都包含著各種星星一樣，每個國家和民族都由各種不同的人構成。而構成人體的器官、組織和細胞也像那些行星、彗星和圍繞它們的恆星旋轉的小星星一樣。

這種膨脹和收縮構成了生命永不停止的興衰，在某一時刻，那個給予的願望在驅動著生命，而在另一時刻，這個接受的願望則成為推動的力量。無論是在星系、太陽和行星融合以構成我們的這個宇宙的過程中，還是在細胞、組織和器官結合構成人的身體的過程中，這兩種願望之間的相互作用都始終位於創造的中心，主導著創造的整個過程。

就像那些星體的形成一樣，行星地球的形成也是透過這兩種願望相互作用產生的膨脹和收縮過程進化演變而來的。當地球最初開始形成時，其表面的狀態就反映了那個膨脹和收縮的交替漲落過程。每當那個給予的願望佔上風時，地球熾熱的內部就會噴發出來形成了熔岩流。而每當那個接受的願望佔上風時，那些液態熔岩就會被冷卻下來從而形成新的大片的地殼。最終，在經過那兩個願望的相互作用導致的無數次的這種膨脹和收縮，噴發和冷卻的過程之後，地球終於形成了一個堅固得足以出現我們現在所知的這些生命形式的地殼。

如果我們探索得足夠深入，我們將在每個被創造的生命形式中也會找到那兩種編織了所有這些絢麗多彩的生命形式的力量——給予和接受。在這個編織生命的過程中，就像大爆炸形成宇宙或者新生兒受孕誕生的過程那樣，那個給予的願望首先創造出物質，而接受的願望則賦予那個物質以形狀，就像那些星體和生命身體中那些不同細胞的產生過程一樣。

生命的誕生

這個創造的故事並沒有以這個宇宙的創造而結束。就像當一個嬰兒出生時，他不能控制手腳：他們似乎是無規則地四處亂動。然而，這些看似漫無目的的動作卻十分重要：這些動作在經歷過無數次重複後，嬰兒逐漸學會什麼樣的動作會獲得結果，而什麼樣的動作則不會。除非這個嬰兒這樣去嘗試，否則他永遠無法學會怎樣翻身、爬行直至最終可以行走。在一個嬰兒的成長過程中，雖然是那個生命的力量（給予的願望）創造出運動動作，但卻是這個接受的願望給了那個力量（動作）以方向，並決定那個給予的願望的表現方式（動作）應該保持哪種形式以及不應該保持哪種形式。

同樣的原則也可以應用在地球早期的童年時期。隨著地球逐漸冷卻，那些被給予的願望驅動著的粒子是隨機移動的，正是接受的願望驅使這些粒子收縮並形成簇群（clusters），而這些簇群中只有那些最穩定的才會存活下來並構成原子。

同樣地，原子也是隨機運動的，這是因為位於其中的那些給予的願望導致了它們不規則搖擺，而位於其中的接受的願望則逐漸使更穩定的原子群得以形成，而那些就是最早期形成的分子。從那時開始，通往產生第一個生命體的道路就鋪設好了。

在孩子身上，這個給予和接受的願望則以最能適應孩子們需求的方式呈現。首先，嬰兒運動能力得到發展，使他們能夠吮吸母親的乳頭或抓住父親的小手指。然後是社交技能，比如微笑或皺眉出現。最後，他們發展出語言和更複雜的能力。在每種情況下，都是給予的願望產生行動和能量，而接受的願望則決定其最終形式。

在整個創造過程中，這些願望相互合作創造著越來越複雜的生物形式。單細胞生物最先形成。然後，這些生物開始學會合作以增加它們自己的存活機率。一些細胞在呼吸功能上表現出優勢，於是它們就負責給所有其他細胞提供氧氣。而另外一些擅長消化的細胞則學會如何有效地消化，並負責為這個生物體中的其他細胞提供營養。還有一些細胞則學會怎麼為其他所有細胞考慮，於是成為這個群體的大腦。

就這樣，多細胞生物就形成了，其中每一個細胞都有其獨特的角色和職責，而且每一個細胞的生存都依賴於其餘的所有細胞。這種特點正是所有複雜的生物體——如植物、動物，尤其是人體——的共同特性。

人性的黎明

就這樣，一層一層地、生命在安靜地、順其自然地進化演變著。最後人類出現了。最初的人類更像類人猿。他們以在地面或樹上找到的東西為食物，並捕捉他們能抓到的。雖然他們也合作，但其行為純粹出於其本能。

但人類不像其他動物。他們發現，為了增加他們生存的機率，他們應該集中精力發展智力而不是他們的身體。於是，他們學會了怎樣製造用於打獵的武器，而不再用手或石頭。他們還學會了怎樣用容器收集和儲存食物。隨著時間的推移，人類才智的運用得到提高，而這反過來更增加了他們的生存機會。這樣一來，人類就漸漸成為了地球的統治者。

使用工具去增加糧食產量和建造更好的住所的能力為我們提供了一種其他生物所不具備的獨特的可能性：我們發現，我們可以透過改變我們的環境更好地滿足自己的需要，而不是改變我們自身去適應大自然。自那以後，這種改變環境的能力和做法就一直成為人類進化發展過程中的關鍵因素。

這種可以透過改變環境以適應我們自己的願望的認識徹底地改變了人類的未來。從此，我們不再依賴於大自然，而只依賴於我們本身的足智多謀。這個轉捩點就是我們今天稱之為人類「文明」的誕生。

大約在一萬年前，人類文明的黎明是很美麗的。我們改進了我們的捕獵工具，發展了農業，發明了車輪，並且目睹著生活輕快地前進著，越變越好。這種不斷改善我們生活的能力之中唯一存在的問題，就是**這種只有人類特別具有的能力，使得我們人類感覺自己比真正的自己更強大；並且使我們感覺自己優於自然，可以凌駕於自然之上，而這種思想會被證明是萬惡之源，這種思想指導下的行為，則使得人類接下來的「文明」歷史，變成了血腥的歷史。帶來了無數的戰爭和苦難，包括上世紀的兩次世界大戰和 21 世紀我們今天面臨的金融危機和自然及生態災難。**

4 有關這兩種願望的祕密

在前面的章節中，我們提到了是給予的願望創造出物質，而接受的願望則賦予物質以形態。對此規則人類本身也不例外：我們從給予的願望中獲得生命的力量，而接受的願望則形成了我們。然而，由於我們已經學會我們能夠透過改變周圍的環境以滿足自己的願望，所以我們變得完全只是專注於這個接受的願望，並因而變得完全忽略了這樣一個事實：我們是從那個給予的願望中，而不是從這個接受的願望獲得生命和能量。

人類是一個特殊的物種：由於我們發現了我們能夠透過改變環境造福自己，我們就發展出了日趨複雜的方法以達到此目的。我們發覺到能夠運用我們的才智，而非我們的身體，來增加快樂。

然而，要怎樣有效地去做，我們需要知道我們能夠改變大自然的哪些部分，以及何時和怎樣才能改變。比如，農業是一種自然的改變，因為我們不是去撿野生燕麥而是在田野裡種植它們，更豐富地生產，並使收穫變得更容易。但為了避免破壞環境，農民必須考慮到很多資訊，以確保他們不會危及自然總體的平衡。

而為了保持那種平衡，我們必須清楚環境平衡過程中都涉及哪些關鍵因素——首先而且最重要的就是了解那個給予的願望和接受的願望以及它們之間的相互作用關係。否則，我們就會像在不知怎樣建造一個堅實穩固的地基的情況下試圖去蓋房子，或者在不清楚有多少人要住的情況下，去計畫房間數量一樣。

但是，我們卻怎麼也摸不透這兩種願望之間的相互作用關係，因為它正是創造並構成了我們本身結構的基礎，並因此深藏在一個甚至比我們的意識層面還要更深的某個地方。然而，一旦我們理解這些願望之間相互作用的法則以及它們創造生命的方式，我們就能將這些資訊付諸實踐並發現我們怎樣才能從中獲益。

同時，即使在建設我們的生活時，我們能夠考慮到這兩個願望，我們的常識也往往會受到挑戰。我們會發現自己正在考慮那些似乎對我們接受的願望來講毫無意義的行為和態度，因為我們接受的願望只是想接受。比如，如果要我去給予一位陌生的人、給予一位我根本不在乎的人，甚至給予一位永遠也不會回報我的人，我會自然地思考這樣做對我自己有什麼好處？這些給予行為對我接受的願望來說，簡直是無法接受。

而如果你建議說，透過這樣做我會開始瞭解現實的另一半——也就是那個給予的願望——並且因此可以領會創造生命的運作方式是怎樣的一個過程，我可能會認為你腦袋進水需要去看一看心理醫生，而不會認同你所說的那些大道理。

當你這樣思考一下，你就會很容易同情並贊同尼姆羅德——那個古巴比倫的統治者。很可能他只是希望保護他自己擁有的一切不被亞伯拉罕，這個無政府主義者所破壞。亞伯拉罕宣揚團結，並以此團結做為治療那個正蔓延於巴比倫居民並導致人們益加疏遠和分離的疾病的解藥。

他提出，人們之間親密關係逐漸消失的唯一原因，是他們不知道另一個創造生命的願望——也就是那個給予的願望的存在。如果他們知道這個願望的話，他們就能以更加平衡的方式處理這兩種願望，並透過這兩種願望收穫並品嘗整個現實的豐富——這就是亞伯拉罕的教義的精髓之所在。

但因為當時在巴比倫，除了亞伯拉罕以外沒有其他人足夠幸運能夠發現這一點，所以對大眾來說，亞伯拉罕顯得更像是一個怪人而不是一個救世主。尼姆羅德則認為亞伯拉罕的觀點不僅毫無意義，而且還威脅到處於其統治中的生活次序。此外，亞伯拉罕的父親是一位著名的並且受尊重的偶像製造者，這一事實令尼姆羅德更加擔憂。因為人們都虔誠地接受並崇拜著他們的偶像，尼姆羅德不想打破他們的生活方式。他也看不出他們這個幸福社會的日子已經屈指可數了。

因此，尼姆羅德走上了否定亞伯拉罕的道路，而絕大多數他的臣民也都隨從他——直到他們自己最終走向毀滅。

就像一個沒有母親的孩子

為了理解忽視那個給予的願望為何如此有害，我們可以把這種給予的願望和接受的願望之間的關係想像為一個母親和她的孩子之間的關係。在一種健康的母子關係中，孩子知道他的母親是誰，也知道餓、冷或累的時候要找誰。但如果這個孩子沒有母親呢？他該找誰來滿足他的需求呢？又能找誰來餵他，給他溫暖，並愛他呢？他不得不自己照顧自己。大家可以試想一下，這個可憐的孩子有多大的生存下去的機會呢？

自從約四千年前尼姆羅德把亞伯拉罕趕出巴比倫的那個決定了人類幾千年苦難命運的那一天，人類就開始變得像那個試圖盡量去自己照顧自己生活的嬰兒。我們一直在艱難地前行，我們已與那個給予的願望——也就是那個滋養我們和整個宇宙、給予並創造生命的力量——分離得越來越遠。就像一個沒有母親的孩子一樣，我們失去了指導，只能在不斷的嘗試和失敗當中學會如何去生存。在我們努力尋求一種可持續的幸福生活道路的過程中，我們已嘗試過生活在氏族制、奴隸制、希臘民主制、封建主義、資本主義、共產主義、現代民主制、法西斯主義，甚至納粹主義等，所有至今為止我們能夠嘗試的發展道路。我們也從宗教、神祕主義、哲學、科學、技術、藝術——事實上從人類從事的各個領域中努力尋求我們在對未知領域的探索過程中遭遇的恐懼的慰藉。所有這些思想和追求都曾承諾我們會有一個幸福生活的明天，但沒有任何一條道路帶領我們實現了它開始時的承諾。

由於，沒有意識到那個給予的願望的存在，以及透過它來平衡我們自身接受的願望的必要性，就像大自然所有其他存在層面表現的那樣，我們一直只是在按照自己的這個接受快樂的願望的驅使在運作。因此，我們建立了各種剝削和暴政猖獗的扭曲的醜陋社會。

不可否認，人類取得了許多偉大的成就，例如現代醫學、豐富的食品和能源生產。但是，我們往前前進得越多，我們就越在濫用我們取得的成就，並使得我們之間的隔閡和社會的不公正現象變得越來越大。

但是，以上這種人類社會被扭曲和隨之產生的不公正不是任何人的錯。在我們不知道那個給予的願望的存在時，我們的生活方式只剩下唯一一個選擇：也就是接受我們所能得到的任何可能的快樂。因此，那些今天被別人剝削的人，假如哪一天開始擁有了權力，他們就會開始剝削他人，這是因為當我們只是無意識地盲目地遵從這個接受的願望的奴役而工作的時候，我們所想和所能做的也就只能是去接受。

5 慾壑難填的人類

我們陷於危險中的世界，確實是人類沒有認識到那個給予的願望的悲慘後果。相比之下，除了人類以外的大自然的其他存在則是那兩種願望之間平衡的卓越表現。在地球多樣化的生態系統中，每個生物都扮演著獨特的角色。哪怕只是缺乏或丟失一個元素，這個系統都不會是完整的，無論缺失的是礦物、植物還是動物。

Irene Sanders 和 Judith McCabe 博士在 2003 年 10 月向美國教育部提交了一份使人眼界大開的報告，這份報告清楚地說明當人們破壞大自然的平衡時會發生什麼。「1991 年發現一隻虎鯨（又稱殺人鯨）被發現在捕食海獺，而一直以來虎鯨和海獺通常都能和平共處。那究竟發生了什麼事呢？生態學家發現，這是因為海鱸和鯡魚的數目正在下降。虎鯨是不吃這些魚的，但牠們卻是海豹和海獅的食物。而虎鯨的食物通常是海豹和海獅，但現在牠們的數量由於因其賴以生長的食物——海鱸和鯡魚的數量減少而變少了，所以得不到海豹和海獅的虎鯨們開始捕食那些曾經和平共處的海獺做為自己的佳餚。」所以海獺因為牠們從來不吃的魚消失而消失。現在，由此產生的連鎖反應開始了，一環連著一環，沒有水獺吃海膽，因此海膽數目暴漲。但海膽以海底的海帶為食，因此牠們使海帶走向滅絕。而海帶一直以來是做為海鷗和老鷹食物的魚類的藏身之處。和虎鯨一樣，海鷗可以找到其他食物，但禿頭鷹卻不能，因此牠們也因此陷入困境中。

所有這一切都是始於海鱸和鯡魚數目的下降。為什麼呢？事實上，這是日本捕鯨者長期以來一直在捕殺一種和鱈魚（一種食肉魚類）以同樣一種微生物為食的鯨魚。由於那種鯨魚數量的減少，鱈魚就有更多的魚可吃，從而繁殖更多，鱈魚數量猛增。牠們反過來開始進攻海豹和海獅的食物——鱸魚和鯡魚。這樣隨著海獅和海豹的減少，虎鯨不得不轉向海獺。」

因此，真正的健康和福利只有在組成一個機體或系統的所有部分之間都處於和諧平衡狀態時才能實現。然而，由於我們是如此地不知道構成生命的另一種力量——給予的力量的存在，以致於我們根本無法實現這種平衡，我們甚至都不能準確地定義「健康」到底意味著什麼。

《大英百科全書》對「健康」的定義精確地解釋了我們的這種困惑感：「好的健康比壞的健康（後者可以等同於疾病的存在）更難界定，因為它必須傳達一個比『只是沒有疾病』更為積極的概念。」（"Good health is harder to define than bad health (which can be equated with presence of disease) because it must convey a more positive concept than mere absense of disease.）但是，因為我們沒有發覺到構成生命的那個積極的力量，所以也就無法確定那個存在的積極狀態。

我們都有夢想，我們也都希望夢想成真。但是，令人悲傷的真相卻是，我們卻從來沒有感到自己已經實現了所有的夢想，因為即使我們實現了自己的夢想，新的夢想又會進入我們的視野，取代那些已經實現的夢想。結果是，我們永遠不會感到滿足。而且我們越是爭取財富、權勢、名望以及其他那些我們認為能帶來快樂的東西，我們就越是變得不滿意，夢想對我們來講也越是變得像幻覺一樣越來越不可琢磨。

於是，我們擁有得越多，就越感覺困惑和失望，因為我們需要更加努力地追逐那似乎永遠追逐不到的幸福，我們的挫敗感也更加強烈和頻繁，也變得更加痛苦。這就解釋了為什麼那些經濟發達、富有的國家反而通常會遭受更高比例的抑鬱症爆發的原因。

具有諷刺意味的是，抑鬱症也有其積極的一面。因為它是一種表明，我們已開始放棄尼姆羅德的追求幸福的方式——也就是只專注於我們接受的願望的方式。感到抑鬱的那些人正是那些看不到未來具有快樂或幸福前景的人。他們在生活中經歷過的種種失敗使他們不會再被誘騙到另一個尋求快樂的失敗嘗試中。而治療他們的抑鬱症唯一需要的就是他們需要發覺到現實中還存在著被我們自己的這個只為自己接受快樂的願望隱藏著的另一半，即「給予的一半」他們還沒有發覺，而且，也正等著他們去發掘。如果我們能夠幫助這些人看到，他們一直以來實際上是在試圖從一個真空——也就接受的願望（只知道接受而不知道給予的力量）中吮吸快樂的話，他們會重新找回並獲得那些在他們抑鬱時所失去的希望和力量。

事實上，現實是具有兩條腿的生物，而我們一直以來只在使用其中的一條腿。這樣，我們對我們的現實為什麼一直以來就是一個跛腳的殘疾的現實，就不會感到驚訝了！

6 細胞式的團結

就像喬希和我當初在雷尼爾山迷路的經歷一樣，人類已經在人生的荒漠之中迷失了好幾千年。就像喬希和我一樣，人類沒有注意到正在來臨的災難的警示。也像喬希和我一樣，人類還在繼續前進，依靠著它過去曾經擁有的工具，儘管它一直以來對現實的另一半視而不見，就像薄霧（或白內障）遮蓋了它的眼睛似的。這就是為什麼今天我們全人類陷入了這麼大規模的、全球性的危機中的原因。

然而，那次磨難讓我記憶最深刻的個人經歷部分卻是：度過危機的唯一出路是彼此團結在一起。這一次我們全人類面臨的危機，真的不是大家同生就是共死了。

一個普通成年人的身體包含大約十兆個細胞。假如將它們連在一起，可以繞地球四十七圈！而其中沒有一個細胞是獨立自主的。相反，所有細胞都完美和諧地運作以支撐和維持它們賴以生存的身體，有時甚至不惜犧牲它們自己的生命。因此，細胞們的這種整體「意識」遠遠超出它們的細胞膜並延伸涵蓋著整個身體。正是細胞之間的這種和諧，使一個健康的身體成為一部如此完善而美麗的機器。

一個健康的身體有著這樣一種極其有效的維護機制，以致於即使哪怕是一個細胞忽視其職責變得只為它自己運作，整個身體也能檢測到那個細胞，然後不是治癒它就是殺死它。如果沒有這種聽從整個身體支配的機制存在，就沒有任何生物能夠得以創造，因為構成這個身體的細胞將不會為其賴以生存的整個身體的利益而合作。

事實上，只為自己工作而不為整個身體運轉的細胞被稱為「癌細胞」。當這樣的細胞成功地在一個人體中繁殖，人就會患癌症。癌症的最終結果總是腫瘤的死亡。這裡存在的唯一未知是：那個腫瘤是被身體還是被藥物殺死，還是因為它殺死了其曾經賴以生存的主人的身體，從而也殺死了它自己。無論我們是否意識到了這一點，當我們不顧整個人類的需要而只為我們自己的利益而行動時，我們就成為「人類」這個統一機體內的癌細胞。

在我們意識到我們可以透過改變環境以適應我們自己的需要之前，我們一直是人類中的健康細胞，一直聽從自然召喚並與自然和諧相處。可是一旦我們意識到我們能夠為了自己的利益「降伏」自然，我們就讓自己脫離了這種和諧。因此，為避免破壞自然的平衡，我們應該有意識地、自覺地變得與自然和諧。但是，我們至今還未能這樣去做。因為我們一直還沒有意識到給予的願望和接受的願望之間的這種相互作用，因此我們認為利用自然是天經地義的，並相信不管我們怎麼做，自然始終會在那裡等待著被我們利用。

在複雜的有機整體系統中，其運行規則是：整個整體佔支配地位，而組成整體的個體屈服於整體，就像一個身體中的細胞一樣。隨著人類數量的不斷增長並且開始建立起一個日益複雜的社會，我們全人類以符合這個完整體系法則行為的必要性和緊迫性也變得與日俱增。

尼姆羅德的道路

自然地，尼姆羅德並不想接受亞伯拉罕所介紹的這套有關完整系統的規則。他是當時巴比倫的最高統治者，何況現在是他的一個臣民來告訴他，他——一個全世界上最偉大土地的統治者——必須屈服於比他自己更高的法則。

尼姆羅德，出於人本性中的利己主義，無法做出讓步並承認他和他父輩們一直遵從的接受的願望的方式是錯誤的，甚至需要做出改變。為了維護那種人類賴以一步步發展到今天的方式，尼姆羅德沒有其他選擇，只能試圖消除危險。他選用了從人類發明武器那一天起，就開始一直使用的方法：下定決心消滅亞伯拉罕。

雖然他沒能殺死亞伯拉罕，但的確把他逐出了巴比倫。可惜的是尼姆羅德統治的巴比倫太大了，這樣大的城市不運用這種完整系統的規則是根本無法存在下去的。而由於不知道如何去團結，所有的巴比倫人都按照他們自己各自的接受的願望去行為，最終他們無法共處下去，一座美麗的大都市最終就這樣土崩瓦解了。

7 走出山脈

要是喬希和我當初在雷尼爾山決裂分開的話，或許今天我就不會有機會寫出這些字句。對我來講，幸運的是，我們的友誼經受住了那次嚴峻的考驗。（另外幸運的是我們當時只有一個指南針和一張地圖這一事實也很有幫助，它使我們看起來好像並不是我們有其他選擇）。但從我們決定一同逃離困境的那刻起，就感覺到一種巨大的寬慰，就像是我們已經找到了那條通往目的地的道路似的。

必須承認的是，走下那道山脊絕不容易。花了好幾個月，我的膝蓋才恢復過來，而我的後背再也沒能恢復到以前的樣子。但我會永遠地珍惜那種當我們小心滑下那道險惡的山坡，我們不斷地互相查看以確保對方沒事的時候所感到的那種團結的溫暖感覺。

在我們下了幾分鐘的山以後，我們發現自己被遮住陽光的濃密森林包圍著。我們身後是山脈，下面遠處和前面遠處都是險峻的山谷。而我們正一起沿著比我所能想像的還要陡峭的山坡往下走。偶爾，我會停下來在松針上方凸出的岩石上放鬆我的膝蓋，我會敬畏地瞪著那些樹木並心想：「它們一定是用釘爪栓緊在地上的。不然，實在想像不出它們如何能生長在岩石之上。」

在我們真的是依靠指甲抓著岩石懸掛著身體以免墜落山崖時，我知道是我們之間團結的力量支撐了我們。現在我知道就是這個力量支撐著我們度過了那段最艱難的階段。

有一首我在孩提時代曾喜歡聽的老歌說，只有在山中，你才能明白誰是你真正的知己。現在，我真正明白了這首歌的意思。

然而，如今全人類都正面臨的這場危機甚至要求一種超越個人與個人之間友誼的團結。團結人類的所有部分遠比拯救幾個冒險家的生命意義深遠得多。我們需要團結，不是因為這樣更有趣（雖然實際上是這樣），而是因為我們需要發現數千年來我們一直在我們未曾察覺的自然的那個部分——給予的願望，而發現它的唯一的途徑是模仿它。當我們模仿它時，我們會突然發現，它其實就存在於我們生活的各方面，從我們的細胞直到我們的思想。

做為具備情感的生物，我們只有在感覺到某種事物之後才能夠認知到其存在。我們生活在由那個給予的願望所構成的「海洋」中，但是我們卻只有這個願望被「穿在」某種可觸摸到的快樂的形式中之後才能感覺到這個願望。我們自然而然地只是專注在我們人生路上所遭遇到的那些事物或事件中所能得到的滿足，但即使在這裡它從來不僅僅只有接受的願望存在。相反地，它必定是兩者的某種結合：也就是那個給予的願望創造一種新的可能的快樂的感覺，而接受的願望為快樂提供某種形式，比如，這些快樂的形式可以是為一塊可口的蛋糕、一個新朋友、做愛或賺錢等等。

但今天我們所感覺到的這個給予的願望的出現則並不是一種一般意義上的願望。它不是對性、金錢、權勢或名望等所產生的願望。這一次，**它是一種想要相互聯繫的願望**。這是為什麼現在網路中的社交網站這麼流行背後的根本動力。人們需要聯繫，因為他們已經感覺到了彼此之間的這種聯繫。現在，他們只需要知道如何建立起能夠真正滿足自己這種需求的方式。然而，唯一去感覺完全聯繫的方法就是去研究那個將所有的個體結合為一個單一的有機整體的那個力量——也就是那個給予的願望。因此，不要浪費時間，讓我們來看一看怎樣才能把那個給予的願望帶入我們的生活當中。

第二章

向自然學習

最可靠的改正錯誤的辦法是向那些已經正確處理好事情的人學習。在這種情況下，自然是我們行為的榜樣和已被證實的成功範例，那麼它應該擔任我們的老師。

8 離開那片森林的道路

為了瞭解我們如何才能將那個給予的願望融入我們的生活當中，讓我們來看一看自然在這方面是怎樣做的。我們透過五種感官來感知外部的世界，而且我們一直相信感官提供給我們的有關現實的畫面是準確而可靠的。但真的是這樣嗎？

每當和朋友散步時，有多少次我們沒有聽到朋友所聽見的？當然，僅僅因為我們沒有聽到某種聲音並不表示它不存在。所有這一切都只不過是我們的感官沒有捕捉到那些聲音，或者是我們沒有去注意它。也或許是我們的朋友產生了幻聽！

在這三個可能性當中，那個客觀的現實是相同的，但我們對它的感知卻不同。換句話說，我們並不知道那個真正的現實是什麼，甚至它是否存在。所有我們知道的都不過是我們所感知到的一切。那麼我們是如何感知的呢？我們使用一個可以被最恰當地描述為「形式相等」的過程來看一看我們是如何感知的。雖然我們的不同感官對應不同類型的刺激，但我們所有的感官都以一種類似的方式運轉。比如，當光線穿透我的瞳孔時，在視網膜上的神經形成一個外部形象的模型。然後，這個模型被譯成編碼，並傳輸給大腦，後者對接收到的信號進行解碼並重建圖像。當聲音撞擊我們的耳鼓或者某種東西觸碰到我們的皮膚時，類似的過程同樣發生。

換言之，我的大腦運用我的感官來創造一個與外在物件等同的模型或形狀。但如果我的模型是不準確的，那我永遠都體會不到這一點，並且我會相信那個實際的物體或聲音和我在我自己的頭腦中所創造的是一模一樣的。

這種「形式等同」的原則不僅適用於我們的感官，也同樣適用於我們的行為。比如，孩子透過重複他們在周圍環境中所看到的行為來學習。我們稱之為「模仿」。渴望瞭解他們出生後來到的這個世界，且又不具備任何的語言技能，孩子利用模仿做為一種手段來獲取各種技能，例如坐和站立，講話和使用餐具等等。當我們講話時，他們會觀察我們怎樣動嘴唇。這就是為什麼我們建議家長要清晰地對孩子說話（不是大聲地說，他們的聽覺比我們好）。透過模仿我們，孩子們創造出和我們相同的形式（運動或聲音等等），從而瞭解他們所生活的這個世界。

事實上，不僅是孩子們以這樣的方式學習，整個自然都在展現透過這種形式等同的方式學習的有效性。觀察小獅子玩耍的過程真令人激動。牠們模仿埋伏襲擊，用熱情互相練習攻擊。牠們練習跟蹤從陰影、昆蟲到羚羊等的各種東西。在這一階段，其實讓牠們這樣聯繫潛步捕捉具有一定危險性，但對牠們來說，這種潛步跟蹤不僅僅是為了玩耍。而是透過這種扮演狩獵者的角色，小獅子是在演練牠們成年後要很認真地去扮演的角色。

正是透過這種模仿牠們才能使自己成為狩獵者。沒有這些過程的話，牠們將來無法生存，因為牠們不會知道如何獵殺做為食物來維持其生存的獵物。

同樣，如果我們要想感知到那個給予的願望，我們唯一需要做的就是在我們內部創造出一個給予的願望的形象。如果我們在進行給予時，我們認真專注於我們的思想和願望的話，我們將會在我們的內心發現一個和自然中存在的那個給予的願望相等同的願望。這樣，就像孩子們透過模仿聲音和音節自然而然地學會說話那樣，我們也將透過這種模仿給予的方式來發現那個給予的願望。

在我們弄明白如何能夠向自然那樣將接受和給予平衡起來之前，這可能是需要一段時間，但熟能生巧，我們必定會成功。並且在我們做到了這點之後，我們的生命將變成一個無邊無際的啟示，它是如此博大和豐富，我們甚至將會驚訝我們迄今為止怎麼能這麼盲目。

在當今的世界，我們再也不能忽略這個給予的願望的功用。我們不再像當年的古巴比倫人，他們那時為了避免彼此之間的矛盾。還可以遷徙到遠離巴比倫的地方。由於今天的我們已充滿了地球的各個角落，我們現在已無處可逃。此外，我們已經是如此緊密相連，以致於將一個已經煎好的雞蛋恢復到雞蛋原狀都比去除我們之間的這種相互聯繫還要容易。

而且這種緊密聯繫並不是一件壞事。沒有這種全球化的聯繫，我們能從什麼地方得到像從中國和印度運來的這麼便宜的商品呢？誰又能為在那些國家的工人提供工作和食品呢？現在整個世界經濟正在經歷著一場巨大的衰退時，如果正確地利用這種全球化的相互聯繫的話，我們將會看到這種全球化帶來的好處。

事實上，今日的整個世界就是一個跟當年巴比倫時期一樣的大都市，只不過現在是一個全球範圍的大都市。我們無法分散，所以我們要不是互相團結，就會是相互毀滅。我們是一個單一的整體、一個軀體，我們必須學習我們應該扮演的角色。我們越是在這方面拖延，我們和我們的社會就會變得越不健康。所以，為了避免彼此毀滅，讓我們共同下決心一起走出這場危機。

當年在雷尼爾山，喬希和我在最初承受壓力的那一刻也都討厭對方，但我們決定表現得好像我們喜歡對方似的。令我們驚喜的是，這成功了。在那座山上的時候，只有我和喬希兩個人。我們可以坐下來交談。想要在全球範圍內取得成功，我們需要一個全球性的通訊手段來交流這種團結的概念。說到這裡，現在讓我們來看一看媒體將在這方面發揮什麼作用。

9 創造一個關懷的媒體

媒體在將公眾氛圍從疏遠轉化為友情的過程中必須發揮關鍵角色。媒體為我們提供了幾乎所有我們知道的關於我們這個世界的知識。即使我們從朋友或家人那裡所得到的資訊通常也是透過媒體而獲得的。這是現代版的小道新聞。

但媒體不只是為我們提供資訊，它同樣為我們提供我們贊同或不贊同的人士的軼聞趣事，而且我們是根據自己所看到的、聽到的，或在媒體中讀到的資訊來形成我們的觀點。因為媒體對群眾的影響力無比強大，假如媒體內容都轉向團結和統一，全世界都會跟隨。令人遺憾的是，金融危機爆發以前，媒體一直僅僅在關注那些成功人士、媒體大亨、頂級流行歌星以及在犧牲競爭對手的基礎上盈利數百萬、數十億的超級成功人士。直到最近，由於危機的出現，媒體才開始了報導一些有關同情和團結的行為，比如北達科他洲的法戈市數以千計的志願者在 2009 年 3 月齊心協力用沙袋抗擊紅河創歷史紀錄的洪水。

儘管這種趨勢確實值得讚許，但這種零星的偶發的努力不足以把人們真正團結在一起。要真正改變我們的這種世界觀，使我們意識到那個給予的願望的存在，媒體應該全面展現有關現實的真實畫面，並告訴我們其結構是什麼樣的。在這一方面，媒體應該製作節目以展示那個給予的願望如何影響自然的各個存在層面的——非生命的、植物的、動物的和人類的——並且鼓勵人們效仿它。與其製作邀請人們只談論他們自己的現場訪談節目，為何不製作邀請人們頌揚別人的訪談呢？畢竟，這種值得稱頌的例子不勝枚舉；我們要做的只是承認並使公眾關注到這一切。

如果媒體在展現人們互相關懷，並且解釋說明這樣的概念有助於幫助我們將那種給予的力量帶入我們的生活，那麼這將會把公眾的關注焦點從自我為中心轉到相互關懷的情誼上來。今天，最流行的觀點應該是：「團結就是樂趣——讓我們加入這一 Party 吧！」

在這裡我們列舉某些值得我們思考的事實和數字：我們的電腦和電視基本都生產於中國和臺灣；我們的汽車生產於日本、歐洲和美國，我們的衣服生產於印度和中國。此外，幾乎每個人都看好萊塢電影。

這裡有個非常有趣的概念：Facebook（線上社群網路服務網站），在全世界已有 1.75 億的活躍用戶。假設 Facebook 是個國家，那它將成為世界第六大國！

實際上，全球化已經是一個事實，它正向我們展示，我們已經完全相互聯繫在一起了。我們可以嘗試抵制它，或者加入它並從這種全球化所具備的多樣性、機遇和豐富中獲益。

媒體有大量的方法可以向我們展示團結是一個禮物。雖然每個科學家都知道，自然中沒有一個系統能夠孤立運作，「相互依存」才是這場遊戲的整個名字，可是我們大多數人卻不知道這一點。當我們目睹每個器官如何運轉以使整個身體受益，蜜蜂如何在整個蜂巢中相互合作，一群魚如何聯合起來就像是一條大魚在一起游泳（那時牠們甚至可能被誤認為是一條巨形魚），一幫狼如何一起狩獵，當不要求任何回報時黑猩猩如何幫助其他黑猩猩甚至人類，我們就會知道，自然的首要法則就是和諧與共存。

媒體可以而且應該更加經常地向我們展示這樣的例子。當我們認識到，這就是自然運作的方式時，我們將會自覺地檢驗我們的社會，看它是否和這種生命的運作法則和諧一致。

如果我們的思想開始轉向這個方向，它們將創造一種不同的氛圍並給我們快要絕望的生活帶來希望和活力及精神，甚至在我們真正實行這一精神之前。為什麼？因為我們將與大自然的那個創造生命的力量——也就是那個給予的願望——和諧一致。

我們越感到和其他人相聯繫，我們的幸福感就越取決於他們對我們的感覺。如果其他人都贊同我們的行為和觀點，我們就會感覺良好。如果他們不贊同我們所做的或所說的，我們就會覺得自己不好，就會隱藏我們的行為，甚至改進它們以符合社會的規範。換句話說，因為對我們來說，對我們自己感覺良好是如此重要，所以媒體在改變人們的行為和觀點上佔據一個非常獨特的位置。

不足為奇的是，政治家是這個地球上最依賴其選民評價的人，因為他們的生計完全取決於他們受歡迎的程度。如果我們告訴他們，我們已經改變了我們自己的價值觀，他們會跟隨我們的指引改變他們自己的價值取向。而想要這樣去做，最簡單而且又最有效的表達我們價值的方式之一是告訴他們在電視上我們想看到什麼樣的節目！因為政治家想要保住他們的職位，我們需要向他們表明，如果他們想保住自己的位置，那他就必須推動我們要求他們所推動的東西——團結。

假如我們能夠建立起宣揚團結和合作而不只是名人和各類成功人士自我吹噓的媒體，我們將會建立一個能夠說服我們願望之間的這種團結和平衡是美好的環境。

愛之湧流

有位智者曾經說過，我們的心就像石頭一樣，而我們彼此之間的善行就像滴落在這塊石頭中間的水滴。一點一滴地，這些水滴會在人心中刻出一個石坑，這樣豐富的愛就能注入其中。正如在本書中已經闡述的，給予的願望是所有生命中快樂的源泉，而接受的願望則是決定這些快樂的形式的力量。透過我們對其他人的善行，我們在他們心中創造出一種從被愛中接受更多快樂的願望。

當然，我們都渴望被愛，然而卻很少有人相信這種事能夠發生。但如果我們共同決定相互之間給予對方愛的話，即使我們實際上感受不到它，我們將會重新燃起身邊的夥伴對愛的信念：愛是可能的。這樣，他們將真正地以愛回報給你，而卻是真的愛，因為這就是他們在他們被軟化的心中所感受到的。

所有這一切聽起來似乎不科學並且不理性，但它還是能夠發生作用，因為它是在和生命中最根本的力量——也就是給予的願望和接受的願望——相和諧。並且由於我們正在探索不熟悉的領域時，我們總是可以使用一些額外的幫助；這裡也存在一些能增加我們成功機會的技巧。本書其餘的章節將描繪在一個平衡的世界中生命將會呈現一幅什麼樣的景象。

第三章

獲得平衡的過程

以下章節將闡述我們從當前面臨的危機中逃脫的途徑。它們將涉及到我們具體生活中的六個基本方面：藝術、經濟、教育、政治、健康和氣候，並且提供一些為了我們自己的利益，我們應該怎樣運用那個給予的願望的指導方針。

10 如何透過藝術塑造出新的態度

「我們都知道，藝術並不是真相。藝術只是一種幫助我們認識真相（或一種至少給予我們去理解的真相）的謊言。藝術家必須知道那個令他人信服他的謊言背後表達的真實性的方法。」——畢卡索

無論媒體對我們的文化是多麼重要，它自身仍然無法在精神上達成那個所必須的轉變。要在我們的思想中完成這種轉變，我們必須將演員、歌手及其他偶像和名人參與到這一過程中來。他們的作品不僅會在電視上，也會在網路、電影院及廣播電臺上展示，這對傳達新的資訊極其重要。

很難預測，在我們熟悉了現實的給予的力量那一半之後，藝術究竟如何發展。因為我們還從來沒有大規模地去嘗試過，所以，當團結和給予盛行之時事情會怎麼展現，我們現在還沒法去表達。以下的想法將描述那些在電影和戲劇中可能出現的轉變，但適用於這種藝術形式的規則同樣適用於更多其他的傳統藝術手法，如繪畫和雕塑。

視覺藝術是最強有力的施加影響力的手段。在周圍環境中，我們所接收到的高達百分之九十的資訊都是視覺資訊。出於這個原因，我們思想的轉變必須從我們所看到的開始，這甚至在改變我們所聽到的之前開始。

從表面上看，大多數電影和戲劇的劇情都可以保留和現在差不多一樣的形式：一場出於正義的動機的戰鬥，一段愛情故事，甚至一部悲劇。但在每一個故事的背後應該傳達一種團結的資訊。今天，當我們離開劇院或關掉 DVD 時，留給我們的通常會是一種仰慕英雄的感覺。我們很少

在看完電影後去思考其傳達的想法、概念或思想。這通常會是這樣，縱使電影的確傳達了某種思想。但因為影片中的道具、視覺效果、腳本和其他元素的目的是為了創造與一個人的認同，而不是為了傳達一種生活方式。

如果我們檢驗一下那些暢銷大片或暢銷書的劇情，必然會得出一個結論：「英雄」好銷，「思想」難賣。直到現在，這也許就是事實。但時至今日，人們會需要電影和戲劇幫助他們來忘記他們的煩心事，或者用來幫助他們重新鼓起對未來的希望和勇氣。如果操作正確的話，後者將會成為一種風潮。

如果我們現在觀看那些二十世紀五、六十年代的電影，它們在我們眼中看上去有點天真，有點脫離「現實生活」。很快，今天製作的電影在將來觀眾的眼裡也將看起來脫離現實。要取得成功，藝術必須反映當前的形勢，而今天的新聞則是：在接受和給予的願望之間的團結或者平衡。

現在已經有許多關於世界末日的電影，描述人類如何摧毀了自己賴以生存的地球，並由於其惡行帶來的混亂而受到天譴和懲罰、無休止的熱浪、戰爭及食物和水耗盡的情形出現。無論如何，藝術不應該侷限於對世界末日的遐想。相反，電影應當提供有關真實現實的完整的畫面資訊——傳達關於構成生命的這兩種力量的知識：它們如何相互作用，如果我們破壞它們之間的平衡將會發生什麼？如果我們恢復它們之間的平衡又將發生什麼？…等等。否則，藝術，尤其是特別受流行的視覺藝術，將不能幫助我們實現它們的目標：來告訴我們關於生命的那兩種力量的知識，以及為我們展示如何才能使它們保持平衡。

傳達希望的電影

為了給人們一個理由來觀看或反覆觀看電影和戲劇，故事情節必須是可靠的、提供確實可實現的希望以及傳遞一種真正的、積極變化的前景。儘管電影的起點可以是我們當前的現實，但是電影必須要解釋是什麼因素把我們帶入了目前的這種危機狀態。當人們發現電影院已經變成了一種可以提供給他們改進人生的資訊的地方時，人們就將開始蜂擁到那裡！

想一想我們是怎樣教我們的孩子過馬路的吧，我們是多麼認真和親切地向他們一次又一次地解釋怎樣等待綠燈，怎樣只在那些指定的十字路口過馬路。這對孩子來說是極為重要的資訊，沒有它，假如他們獨自在街上行走時，就會有生命的危險。

同樣，現今，這種有關在自然和人類中恢復平衡的資訊也是同等重要，因而高度需要。然而，這個轉變不只是為了生存。這場危機的出現是有目的的，是我們躍升至一個更偉大的現實的一塊跳板。迄今為止，我們一直關注的重點是我們自己能夠接受多少。事實上，我們甚至不知道，我們被這個接受的願望操縱著、奴役著；我們只是簡單地被要求去享受。由於我們不清楚那種構成生命的兩種願望之間的相互作用，所以一直只在膚淺的表面上尋找快樂，並且因此從未經歷過真正持久的喜悅和幸福。

但這場生活的戲劇同時在兩個方向演變（它們兩者既相反又並行）：即在相互合作和自我滿足兩個方向上。而在整個現實中，它們兩者的關係是：自我滿足只有透過與他人合作才能實現。例如，在礦物中，不同的原子合作以構成礦物的分子。如果其中一個原子與其他的原子相分離，礦物就會解體。

在複雜性更高的層面上，植物和動物（包括人類）中的不同分子、細胞和器官之間也是相互合作。它們團結在一起共同創造出一種獨特的生命體。在這裡，類似地，哪怕是組成生物體的細胞中間只有一個分子不見了，整個身體都會生病甚至死亡。

在非常相似的情況下，在一個特定地理區域中的所有植物和動物共同創造並構成一種共生的環境。就像在前文中我們所述的關於虎鯨和水獺的那個例子，每一個生物都為維持整個共生生態系統的平衡做貢獻。假如其中任何一種生物數量減少，整個共生系統都會失去平衡。簡單地說就是，自然支持並促進其構成個體的獨特性；因此，生物個體的自我滿足也只有在合作並將它自己奉獻給其環境的基礎上才可以實現。而當生物個體為了發展它們自己而去犧牲其賴以生存的環境時，自然則要不是將使它們滅絕，就會是強制地平衡它們的數量。

雖然我們已經知道這種自然法則很久了，但我們的所作所為卻似乎表明我們不屬於這個被稱為「地球」的生態系統的一部分。更糟糕的是，在我們中間，我們認為一個社會或宗派可優於另一個。然而，自然一再向我們表明，自然中沒有任何一種事物是多餘的，自然中也沒有任何一個部分優於另一個。這樣一來，我們何必去認為我們自己具有優越於自然其他任何部分都沒有的特權——自命不凡地認為我們可以高人一等並壓迫其他人和其他物種呢？這種傲慢如果不是出於無知，那又來自何方呢？

因為我們對那個給予的願望的無知，而正是它給予了我們力量和智慧，所以我們認為那些力量和智慧屬於我們自己。如果我們瞭解到，我們人類同樣也是那兩個構成生命的願望的產物，我們就會開始懂得在這個世界中如何和整個自然一起共同繁榮興旺。

想要電影教給我們這一點，並且向我們展示透過合作來滿足自己的這些好處能有什麼困難呢？想像一下，如果我們都已經知道我們是與其他所有人緊密聯繫在一起的，並且知道我們都依賴於世界上其他所有人的支持，而且他們所想要的只不過是讓我們能最大限度地實現我們自己的潛力。要是每個人都為社會貢獻出自己的才智，並得到社會的支持和讚賞做為回報，生活該有多麼美妙啊！？

畢竟，這難道不是我們已經正在做的事嗎？電腦工程師透過製造電腦奉獻給社會，道路清潔工透過清潔街道來為社會做著奉獻，你能說其中哪一個更重要呢？

如果我們記起，我們並不是依賴我們自己自願的行為而變成我們現在這樣的，而是一個偉大的系統及原初的力量在我們之內的作用成就的，那我們就不會感到要迫不及待地去證明自己。

相反，我們將會簡單地享受我們自己是誰，並隨時隨地盡我們的能力做出貢獻。這樣我們會真正地享受自己做為人類的一部分——即團結同時又保持自己的獨特性。

想像一下，電影為我們展示的是這些的話，這個世界會怎樣！

11 在歌曲和音樂旋律中發現平衡

「這種全新的聲響領域是全球性的。它以極快的速度穿越語言、意識形態、國界和種族的界限。這種悅耳的世界語的經濟是驚人的……流行音樂帶來有關個人和公眾行為的，以及群體團結的社會學。」

——喬治．史坦納（George Steiner）

音樂是最流行的藝術形式之一；它可以做為一個推廣新理念的強有力的促進器。現在，搖滾和嘻哈之類的音樂是比以往任何時代都更強有力的表達社會理念的音樂形式。自披頭四樂團在上世紀六〇年代引入印度音樂以來，民族音樂已成為促進民族認同和文化融合的流行方式。事實上，全球化同樣也會為音樂增添很多受歡迎的內容。而且，今天大多數音樂家都表演幾種類型的音樂作品，其中一些來自他們家鄉以外的文化。因此，音樂值得我們用一整個章節來講述。

像所有類型的藝術形式，音樂是一種特殊的、表達藝術家的內心世界的語言。每一種類型的音樂都代表了一種不同類型的接受的願望，因此可以表達一種與那個給予的願望不同類型的平衡。為了更簡潔明瞭，讓我們把音樂分為兩組：聲樂和器樂。

傳遞無邊無際的愛的歌聲

用聲樂（歌曲）來定義向新的方向所需的變化是相對會稍微容易一些。就像電影一樣，主題幾乎可以保持相同。也同電影一樣，每首歌曲背後都應該含有傳達團結資訊並表達現實中的兩種願望（給予和接受）的潛臺詞。

音樂是藝術家對自我、對最深層的情感的表達。因此，如果音樂想要傳達給予和接受之間的團結和平衡的資訊，對表演的藝術家而言，知道這些力量的相互作用是非常重要的。因為我們無法偽心地表達我們的內心世界，所以，為了藝術性地傳達這兩種力量，歌手必須親自體驗這兩種力量之間的團結、相互作用和相互聯繫性。這樣一來，每首歌曲都應該傳達一種新鮮的、有活力的全新感覺。

沒有必要創立新的音樂類型。我們已經有了一些精彩的音樂種類：流行音樂、嘻哈音樂、搖滾音樂、爵士樂、古典音樂及各種類型的民族音樂等等。所有這些都是我們內心存在的真實表達，沒有必要去改變它們。

我們唯一要改變的是潛在的資訊：歌詞可以強調一對情侶在發現自然中的團結的努力，而不是集中於表達男女之間遭遇麻煩的情感關係。當我們開始學習自然的給予的那一面，我們也會創作出相應的新歌詞。這些歌詞可以表達發生在人與人之間或者自然中的給予和接受的願望之間的對話。如果你去仔細思考一下，你會發現這種給予的願望不斷尋求以不同的方式，透過接受的願望表達自己的方式，與男人們不斷尋找新的方式，以表達對他心愛的女人的感情（或者相反）的形式非常地相似。還有什麼比把那種「愛之痛」寫入歌詞，並用一種旋律來裝飾它更能激發人心的呢？

和諧的旋律

器樂則是另一種完全不同的音樂形式。這種西洋音樂因為注重和諧，使得這種音樂形式幾乎成為了一種傳達團結和平衡最自然的藝術表現形式。許多著名的作曲家——其中最著名的是巴哈和莫札特，十分注重保持他們音樂的平衡與和諧。事實上，這些古典音樂，尤其是莫札特的作品，是如此的和諧和完整，以致於英國萊斯特大學發現它甚至能增加奶牛的產奶量！雖然這些偉大的作曲家們本身都可能不知道這種平衡的深度，或者也不知道他們的音樂有一天會有什麼用途，但正是這種特點使得他們的音樂至今仍然這麼流行。

然而，這種平衡不僅存在於西洋音樂之中，它幾乎對任何類型的音樂都是必不可少的因素，尤其是那些民俗音樂。今天，我們不僅僅必須要保持這種平衡，不是因為我們喜歡它的聲音，而是因為它有助於我們表達整個現實的全新的真實一面。其結果可能會非常激昂，或極其溫柔，或特別快速，或剛柔並濟。但不論什麼類型，這樣的音樂對聽眾的影響將是無與倫比的，因為它剛好表達了我們生命的力量！

今天，巴哈、莫札特、貝多芬以及威爾第的音樂對我們而言似乎豐富多彩。但是，與那些表達那對兩種願望的感知的音樂相比，它們就顯得還不夠豐富，這種差別就像一種是 2D，另一種是 3D 視角來看待這個世界時感覺到的那樣。

12 錢、錢、錢

「儘管財富被大規模地創造著，二十世紀五十年代以來，在美國或英國的幸福感就沒有提升……而且沒有研究者質疑這些事實。看來，以犧牲未來為巨大代價的加速的經濟增長也不應該是我們追求幸福的目標。特別是，我們不應該犧牲幸福最重要的來源為代價，也就是人與人之間那種親密的關係，無論是在家裡，以及在社區中。」

——理查·萊亞德（Richard Layard）《金融時報》，2009 年 3 月 11 日

沒有什麼方面能比經濟更能展現我們之間的相互關聯性的了。當我們團結時，經濟最先繁榮起來並帶動著我們生活各方面的提高。但是，當我們互相分離時，經濟會首當其衝崩潰。然後，一切都會隨著經濟一起慢慢停滯。

很多世紀以前，當我們開始首次相互交易時，我們就開始了相互聯繫的過程，而這就是全球化誕生的開始。如果在那個時候我們就知道這個接受的願望和那個給予的願望的話，人類到現在為止被證明愚蠢的歷史將可能會完全不同。

今天，已經不可能把整個世界「去全球化」。正如上一章所表述的，也正如開始引用的引言說的，我們必須開始做為一個單一的統一的人類來行動，並符合大自然的相互合作和自我滿足的原則，要不然，我們所知道的生命將會結束。

而這種去團結的方式就意味需認識那兩種類型的願望並將它們都納入進來，在我們今天面臨的金融危機的背景下，尤其是在財政方面。採

用更嚴格的監管或賣掉所謂的「有毒資產」並不能幫助我們度過目前的這場危機。走出危機的道路就是要認識到，需要監管的是我們人的本性，而不是經濟。我們的經濟只不過是我們狹隘的單邊思維的產物：接受，接受，為了自己的私利更多地接受。

今天，人類必須要認識到，在我們所有的計畫中，我們都應該將別人考慮進來是符合我們自己的最佳利益，否則所有計畫都將失敗。

因此，從危機中將我們拯救出來的計畫的第一步應當是，共用資訊並提供有關我們所處的世界的實際知識，也就是讓所有人認識整個世界是一個全球性的並且相互依存的整體，而這就是鐵的真實的現實，不以人類的意志為轉移的現實。

人們應該知道存在著兩股控制著世界的力量。第一股是接受的願望，這在經濟學家叫做「利益為導向的經濟」，即資本主義；第二股力量是給予的願望，其目的是促進整體的繁榮與福利。

簡單地講，在當前的金融交易中，每個人都必須獲得利潤，否則任何人都不會獲利。準確地說，這裡的「每個人」，並不是指合同中的雙方，而指整個世界的所有人。

這是否意味著，在每一個新的交易或協定達成之前，有關各方必須敲開世界上每一家的門，解釋提議的交易，並要求每個人簽字同意呢？這將是完全不切實際的。

所有這一切都只意味著，我們必須改變我們的態度，要考慮到每一個人的利益，而不僅僅是我們自己的利益。

例如，每當一個新產品推出時，該產品的製造商的目的都是打敗競爭對手，增加自己的市場份額，我們稱這個過程為「資本主義」。然而，最終，真正發生的卻是企圖「竊取」那些已經在市場上的客戶，而這被認為是公開承認的準則。

同樣，今天的銀行不再致力於推動搖搖晃晃的衰退的經濟或是協助想要創業或購買房屋的人。銀行只想著一件事：為其股東（業主／董事）賺取盡可能多的利潤。如果他們必須支付較低層員工的可憐的工資，或給予人們刑事上不負責任的貸款，然後出售這些貸款給保險企業，而後者又將它們像燙手山芋一樣一路傳遞下去，直到它最終出現在某個受騙者的手中，而這一切都是「普通商業」的一部分。而這一切唯一的目的就是為了在每個財政季度結束時，在資產負債表的增加項目中寫上數十億的數字。

而且，這種態度並不僅僅專屬於銀行。實質上，每個商業企業都是如此經營的：從保險公司、銀行、對沖基金到家庭雜貨店。我們稱之為「自由市場經濟」。

然而如今，我們都必須認真檢查一下我們的系統，看一看我們到底在哪裡出了問題。當我們真的這麼做時，我們將會看到，在我們的這個世界上有銀行或保險公司並沒有什麼錯。

銀行的存在本來是件好事，因為沒有銀行，我們的夢想就無法得到資金的幫助。保險公司也是某種積極的力量，因為它們維持了在出現某種特別情況時，我們不至於流落街頭。

在我們的所有行為當中，唯一要改變的只是我們的意圖，而不是我們的行為。如果我們大家都以不僅僅只造福於我們自己或我們的股東為目標，那麼我們和我們所有的客戶都將會因為人們相互信任而興旺發達。顯然，涉及到金錢的問題時，信任是首當其衝最重要的因素。

然而目前（指 2008 年金融危機之後），銀行之間已不再互相信任其他銀行，保險公司也不再信任銀行或彼此之間，甚至沒有人相信借款人，因為借款人不相信企業主不會在第二天解雇他們，而企業主本身又依賴於市場需求，而如今這些時日沒有人相信市場。

這一切都迫使我們回到原點：研究自然的法則。我們將不會互相信任彼此，直到我們瞭解清楚了我們自己以及整個現實是如何構成，然後，我們才能共同決定遵循那個內在的平衡公式。當我們這樣做時，借款人將會相信雇主，雇主將會相信銀行，銀行將會相信保險公司，而每一個人都會相信市場。

因此，在我們沒有學會做為一個單一的團結的人類大家庭來運轉之前，我們不可能從這次經濟衰退中復甦。但是當我們學會並且這樣去做的時候，我們就不僅會擁有舒適的生活所需要的一切，還會有舒適的未來，並且不僅是我們，還包括我們的孩子及我們孩子的孩子們的未來。

13 正確地教育孩子

「我認為，就這樣使個性成為殘廢是資本主義最大的邪惡。我們的整個教育系統都在遭受這一邪惡帶來的苦難。一種被誇大的競爭觀念被反覆灌輸給學生們，他們在學校就被訓練好準備崇拜貪婪獲得的成功。」

——愛因斯坦

在《韋伯斯特大辭典》中，教育是指「教育或受教育（受訓練／被告知）的行為或過程」。但是在這樣一個世界中，我們在大學第一年所學的知識的百分之五十在第三年就已經過時了，不重要了。這樣一來，我們的教育到底有什麼好處？甚至更重要的是，伴隨著日益升級的全球危機，我們能保持我們孩子們的教育，甚至通過高中的教育嗎？由於目前的這次危機是全球性的和多維度全方位的，教育系統必須調整自己，以便使我們的年輕人能準備好應付當前的這種世界狀況。

因此，我們今天的挑戰並不在於獲取陳舊的知識，而在於使我們的孩子們獲得社會技能，以幫助我們自己和我們的孩子克服大規模的疏遠、猜疑，以及今天所遭遇的人們之間的信任危機。為了讓我們的孩子們準備在二十一世紀生存下去，首先我們必須教會他們：是什麼導致了我們目前的現實變成現在這個樣子的？他們又能夠做些什麼來改變這個現實？這並不意味著應該停止傳播知識，而是這些課程應該是一個更大的故事中的一部分，而這個要講述給孩子們的大的故事，則是教導學生們如何應對他們即將進入的世界，並在裡面幸福地生存。他們應該能夠在離開課堂時，就能夠使用學到的知識掌握現實的整個畫面以及那些設計繪製了現實的力量，並瞭解如何利用它才能使他們獲取利益。

世界上幾乎每個國家的教育系統都被設計成教育的目的都是為了刺激學生追求個人成就。學生的學業成績越高，他或她相應的社會地位就越高。在美國，以及許多西方國家，這個系統不僅用來衡量學生的表現，也用來衡量學生和其他學生的表現。這使得學生不僅要表現得比別人更加出色，而且不可避免地使他們產生希望其他同學失敗的觀念。

在一個全球化的世界中，每個人都依賴於其他人的成功和福祉，所以該系統必須完全從根源上被改革。目標應該是促進集體的成功，而不是試圖實現個人的卓越。集體的成功才是一種理想的成功，並且應該是最受認可和尊敬的。

因此，每所學校首先必須要改變的是它的氛圍。不必對那些以自我為中心的學生設立懲罰制度，因為社會對青年有著如此強烈的影響力，以致於他們幾乎將本能地遵循社會規範。相反，一種相互關懷以及友愛和共用的氣氛應該盛行。這能夠透過鼓勵同伴去相互輔導而被推動，即學生之間互相幫助、彼此促進，而做為回報得到社會的認可。

此外，有許多需要團隊合作才能成功的練習。可以很容易地將之應用到現有的課程中，只給團隊，而不是個人，進行分數評級。這樣，一個學生的分數等級將取決於他所在的團隊中其他的所有人。事實上，看一看我們這個成人世界，我們很少發現某種產品是某一個人獨自生產的。即使在這種情況下，還是需要強大的團隊合作他們才可以獲得成功。事實上，自然和我們自身的生命都在教會我們，團隊合作是多麼重要，那麼我們為什麼不從學校就開始呢？

如果今天的孩子無視我們對他們的養育之恩和為使他們變得仁愛和關懷他人而付出的努力，最後仍然變得粗暴和不聽話，那麼我們就可以透過創建一種孩子們需要互相依靠才能成功的學校來改變這種狀況。這樣的教育方式會創造出一種全新的、互相關懷對方的觀念，並消除以往以自我為中心的自私自利的模式。

實際上，相互依存對孩子們來說就像呼吸一樣那樣自然。從出生開始，孩子為生存所需要的一切就都依賴其父母。當孩子們進入學校時，他們的社會性需求開始發展，並且孩子們變得完全依賴於別人的認同來保持積極的自我形象。

因此，他們自然地很強烈地感受到社會作用在他們身上的力量，而且，這種影響力是這麼強大，以致於如果我們創造出一個相互關愛合作共贏的氛圍，我們將只需要付出非常少的努力去養育並關懷我們的孩子。所有我們要做的就是為他們指出正確的方向，一個把他們和人類引向成功的方向，就這樣，孩子們將會自然朝向那裡前進。

首先，我們應該教會他們掌握自然運作的方式：在他們的生命中，包括著兩種相互作用的力量，而且為了使每個人感到幸福，這兩種力量之間必須保持某種平衡。我們不需要改變現行教育體系裡的任何課程；我們唯一需要做的就是在總的課程中補充一個 B 元素：平衡（Balance）。這樣一來，生物學仍然是生物學，只需加上說明，給予和接受的力量之間的相互作用是如此使生命形式從單細胞生物進化到多細胞生物的。

這個原則也同樣適用於物理和其他科學。而對於人文科學，這將會是真正令人耳目一新地、從兩種願望之間的相互作用的角度重新檢驗一下人類的歷史和各種社會形態將會使人為「科學」真正可以進入科學的行列。

雖然這些都已超出了本書所要闡述的範圍，但人們可以很容易地明白，我們的歷史是如何伴隨著願望的改變和增強一路向前演變的。沒有這種不斷變化和增強的願望，我們就不會有任何變革，因為我們就不會想要改變自己的生活；我們也不會有任何新的技術和發展，因為我們將會滿足於我們自己已經擁有的；我們也不會有任何政治（實際上，這未必是個壞主意）和任何規則。幾乎可以肯定的是，假如我們的願望不改變，我們可能仍然會生活在原始洞穴中。

創造一個促進平衡的學校包含兩個階段：

一、資訊提供階段：學校應該教會學生掌握有關給予的願望和接受的願望的知識，以及這些願望如何在自然中共同相互作用。這既應該在專門為此設計的課程中實現，也要成為學校現成的每個課程中的一部分。

二、建立新的社會規範：在孩子們逐步瞭解了這些概念的基本情況之後，我們應該逐步建立促進合作、友誼和相互支援的社會規範。想要這個階段取得成功，非常重要的是讓孩子們明白，他們遵守這些規則並不是因為成年人迫使他們這樣去做。相反，他們必須不斷地認識，與自然同步是他們在生活的各個方面都可以獲得成功的最好保障。因此，遵循這一方針也符合他們最佳的個人利益。

為了能在今天的世界上生存，我們必須知道，如何做為合作者而不是競爭者來相互作用。否則，我們所做的一切都將會失敗。透過教授孩子們這種合作和共用的藝術，我們將給我們的孩子們提供最好的服務，因為我們將會給他們配備他們在應對生活的挑戰所需要的最重要的工具。

如果我們逃避將這一工具賦予我們孩子們的責任，就沒有人能為他們裝備這些工具。透過建立這種其目標是教導學生如何在全球化的時代來生活，如何與他人共用，如何去關懷他人，並讓孩子們在做每個行為時考慮到那兩種生命的力量的學校，我們其實是在創造一種唯一值得去上的學校。

14 是的，我們能夠（而且必須）

「人類將不會停止看到他們遭遇的麻煩，直到……智慧的愛好者開始掌握政治權力，或者權力的擁有者……成為智慧的愛好者。」

——柏拉圖，《理想國》

本著作中所宣導的變化並不是一個表面上的變化，而是超越我們如何去建立我們的經濟體系、我們的教育體系乃至我們的政治體系範疇的一種根本性的改變。這是一種基於我們對生命的理解，繼而我們對我們生活在其中的社會的理解基礎上的變革。想要這種變化持續下去，我們必須發覺在目前人類所處的這個發展階段上，除非全世界全人類都共同繁榮，我們做為個體就不可能繁榮。

在過去，我們對我們自己的家庭好就足夠了。透過這樣做，我們在我們自己所意識到的階段（家庭）上與自然的那個給予的力量保持平衡就可以了。

隨後，隨著社會在發展，我們需要意識到一個更大的群體，我們開始發現僅僅對自己的家庭好已經不足夠，我們應該為自己所生活的整個城鎮的居民送出關懷和好意。這使我們在社區的層面上與那個給予的力量達到了平衡。然後，我們繼續發展到超越城鎮和家庭的階段——即國家的階段，並需要在那個層面與自然的給予力量達到平衡。

然而今天，我們已發展到全球一體的全球化階段，因而，我們必須對整個世界都這麼去做。我們的意識，無論我們是否意識到，現在都包含了全人類。因此，為了和自然的那個給予的力量相平衡，我們必須積極地向全世界的每個人奉獻。

不這麼做的後果就是正在我們眼前逐漸展開而且在不斷惡化的全球危機。而這並不是來自於某種更高力量的懲罰，而是我們自己沒能服從自然法則而導致的自然結果，這就像當我們不遵循萬有引力法則，在沒有適當地準備好自己時，從屋頂跳下而將要遭受和感到的痛苦那樣。做為人類，我們能夠擁有的最好的防衛武器是意識，是對自然規律的掌握，符合自然規律去行為，也就是和自然保持和諧。

而且，因為「對自然的給予的願望的意識」是我們首先也是最重要的工具，我們必須做的第一件事就是教會政治家認識到其角色和重要性。我們必須向他們展示，迄今為止我們還沒有意識到這一力量，而且正是在我們思想中對這一力量的缺失造成了今天的危機。只有這樣，對什麼措施可行、什麼辦法不可行高度敏感的政治家們，才會知道為什麼他們需要改變、如何去改變他們的政策，以適應今天的需求。

由於政治家每天都生活在以自我為中心的政治體系中，他們會很快認識到有缺陷的現行體系和完善平衡的體系之間的差異。事實上，對這種差異的意識的過程在金融危機爆發的那一刻便自動地開始了。

2009 年 1 月 20 日，在喬治亞州亞特蘭大市埃比尼澤浸信會教堂中歐巴馬的演說，是對這種認識的一個極好的例子：「現在團結是最需要的——是這一刻最需要的。並不是因為聽起來很好，或者因為團結能給予我們良好的感覺，而是因為它是唯一的、能克服我們這個國家所存在的赤字的方法。我不是在談論預算赤字，我也不談論貿易赤字，我不是在談論好主意或新計畫的赤字，我談論的是一個道德赤字，我談論的是同情心的赤字，我談論的是我們沒有能力從另一個人的角度來認識我們自己;我們不明白我們是自己的兄弟的擔保人;是我們自己姐妹的擔保人，還有……我們全部都在一個單一的相同的命運外衣裡連接在一起。」

意識到了這一點，我們所需要做的就是添加黏合劑，使這個外衣變得牢固而又柔軟和光滑。而這實質上就是意識到，團結的過程就是我們和自然的那個給予的力量協調和和諧的過程。

在政治家之間實現團結並不意味著辯論和衝突要結束，而是在頭腦中意識到自然的這兩種願望，只有這時，矛盾衝突才會成為變化的沃土。正如在前面章節中所描述的公眾觀點透過媒體發生變化那樣，政治家們也不必再擔心因為輸掉政治辯論而失去選票。相反，如果政治家能夠發覺如果選擇另一個方向對公眾更有利之後而改變他或她的觀點，選民會把這種靈活性當作一種優良行為。

此外，透過這樣去做，也就是在做出贊同新的選擇之前，經過對其優點和缺點的嚴肅辯論，使得政治家會對新的方向取得的成功更加負責任。政治家可以告訴選民，「你們看，我已經衡量過各種選擇並得出我的對手的方法對公眾更有利的結論。因此，我認為你應該支持它。」這是一個很大的責任，甚至比辯論中的「贏家」的責任都大。透過採取這種態度，不僅是團結得到了加強，而且觀點也被考慮得更全面徹底。

國際政治將必須以這種同樣的方式加以改變。在這個全球化的時代，關心這個世界遠比只關心自己的國家重要得多。當然，這要取得成功的話，這一趨勢就必須成為所有國家的共識。它要求每個人都瞭解這兩種支撐著我們的世界的根基的願望。如果沒有這方面的知識，孤立和保護主義將盛行，以致最終戰爭將會爆發。有了它，我們將最終擁有一個實現世界和平的真正機會。

15 健康並保持健康

「現代藥物的一半都可以扔出窗外，只是恐怕連鳥都不會願意去吃它。」

——馬丁．亨利．菲舍爾（Martin Henry Fischer）博士

在數千年前，據說，在古代中國，其醫療體系和今天我們所實踐的方法完全不同。那時，家家戶戶都會在其大門外放著一個瓦罐。在醫生每天巡視村莊的每一戶人家時，會檢查每個瓦罐。如果他在瓦罐裡面發現有硬幣，他就會知道這個家裡的每個人都很健康，他就會拿走硬幣繼續巡視別的人家。

如果他發現瓦罐裡面是空的，醫生就會知道這個家裡有人生病了。他就會進屋並盡其所能治療病人。當病人再次好轉後，就會恢復每日支付硬幣。

這是一個簡單的維持醫生將他的病人的健康做為其關注點的方法，因為只有當病人的身體健康時，醫生才能繼續獲得報酬。為了最大限度地提高自己的收入，醫生需要讓人們在他的照顧下，盡可能長時間地保持健康。因此，醫生會在他空閒時在村莊裡走動，教導人們如何去健康地生活，並斥責那些疏忽健康的人。如果一個人很頑固並拒絕有益健康的生活方式，醫生會把他從自己巡迴管轄的範圍裡驅逐出去，並在那個人需要醫療照顧時拒絕他。

這種簡單的方法維持了病人和醫生都有既定的利益來保持健康——這和我們目前醫療體系採用的方式是多麼地不同啊！而在我們現代的醫療體系中，醫生的工資由每日治療患者的數量、藥品製造商所給的佣金，

以及醫生服務的費用等級組成。在私人醫療中，那些有錢的患者可以給更好的醫生支付更多的報酬，而這對那些低收入階層的人們而言會產生在護理品格上的不平等。

此外，在如今的醫療系統中，如果人們都保持健康，則會對醫生不利。事實是，這種醫療體系理論上會是，如果醫生成功地保持了人們的健康的話，醫生會被餓死或拿到被「炒魷魚」的條子！那些宣布針對一種疾病有了一種新的藥物或治療方法而受到我們歡迎的製藥公司，同樣陷在這種惡性循環中。如果他們生產的藥物真的能把人治好，他們就將會破產。因此，他們更樂意看到我們既活著同時又生病，這樣更符合他們的利益。事實上，現在的整個醫療系統（包括醫院、醫藥公司、醫生、護士和護理人員）其實在從我們的長期不健康中受益。這是醫務工作者能夠維持自己生存的唯一辦法。

但造成這種大家都不願看到的事實並不是任何一個人的過錯。醫生們並不是邪惡的人，至少不會比你和我更壞。他們被困在一個為了實現利潤最大化，而不是為了健康和幸福最大化而運轉的系統裡。這樣的系統的自然結果是，病人們——普通百姓——必須購買昂貴的醫療保險來保護自己，而一旦發生醫療事故，就只好依賴司法系統。這反過來又迫使醫生購買昂貴的醫療事故保險，以保護自己不會受到醫療事故訴訟造成的損失。這反映了整個醫療健康系統的情況非常不健康！

那麼，到底是哪個壞人建立了如此殘破的系統？這其實是由我們自己對自然的無知而造成的。確實，也許醫療系統是最明顯地反映我們現在只注意到了現實的一半時產生的症狀。

治癒這個健康保障系統

顯然，我們已經不能仿效古代中國的醫療制度。我們已經在我們自私自利的系統中過於糾纏，所以解開這種纏繞而不造成整個系統的崩潰是不可能的。無論如何，中國模式可以做為一個如何簡單、低成本的以促進健康為目的醫療保健系統的例子。

沒有比醫生更能理解平衡的人了。在醫學中，這種平衡狀態被稱為「穩態」。《韋伯斯特辭典》對它的定義是「一個相對穩定的均衡狀態或一個機體中不同的但相互依存的元素或組成部分之間朝向這一狀態的趨勢」。記得在前面章節我們所談論的那些需要滿足相互合作和自我滿足的原則的元素嗎？在醫學中，它們是指「一個身體中不同的但相互依存的元素或器官」。

「穩態」同時也是定義身體是健康或有疾病的指標，因而，醫生們很容易掌握這一概念。因此，研究兩種自然的品格——給予和接受是首要的事情。這將創造出一種改變目前這個有缺陷的系統的意識和緊迫感。

每一個研究生物學的人都知道，一個健康的細胞都在盡其全力支持其賴以生存的身體，做為回報從身體那兒獲得生存之所需以及得到身體的保護。而一個癌細胞正好與此相反——它從其賴以生存的宿主身體中盡量多地攫取卻不給予身體任何回報。這樣一來，宿主就會被癌細胞最終消耗掉，最後癌細胞也隨同身體一起死亡。

出於這個原因，生物科學家們和醫生們是有意識地改變內心的最好的候選人。他們比任何人都清楚所有人類成員之間互相擔保、相互關懷的重要性。他們也將會理解，當前的這種系統已經進入了崩潰的倒數計時，而且改變這種狀況的需要迫在眉睫。

一旦這些聰明的、設計出被我們稱為「現代醫藥」的人，發現程式中一直缺失的那個元素，我們就可以期待，醫療保健系統將會很迅速和容易地被治癒。由於今天醫療保健體系的複雜性，所以，至關重要的是，所有參加者不僅要意識到平衡的需要，而且要同時主動地想要去實現它。然後，就像人類的疾病症狀在醫療保健系統中最明顯地出現那樣，它的治癒也正好將在這個系統中被最顯著地表現出來。

16 保持冷靜

「到目前為止，人類一直在和自然對立；從現在起，人類必須站起來開始對抗自己的本性。」

——鄧尼斯·伽柏（Dennis Gabor），《創造未來》，1964 年

從表面上看，生態環境應該是本書中最容易談論的主題。使所有汽車電動化，所有電廠都採用太陽能或風能發電，並讓一切塑膠都回收利用。然後，整個世界將再次變為一個綠色、美麗、清涼的地方。

但是，如果事情就這麼簡單的話，為什麼迄今我們還沒有獲得成功？對於這個問題，有很多的答案。最明顯的是，我們一直都在如此忙於從化石燃料和廉價塑膠中賺錢，以致於把所有其他都拋開，包括地球——這一我們和我們孩子們的家園。另一個似乎有些道理的答案是，太陽能效率低而成本高，利用它會把電力價格提到如此之高，以致於供人類使用太昂貴了。

然而，所有這些問題都只是集中在技術性，而置那個真正的問題於不顧——也就是我們對自己未來的家園的冷漠以及我們對其他人需求的不容忍。總之，就像伽柏博士如此精闢地表達出來的那樣，真正的問題是人類的本性。

今天，對我們星球的狀態置若罔聞幾乎就是犯罪：我們一方面在世界的一些地方導致了洪水並破壞了所有農作物；而在世界的另一些地方，我們又導致了嚴重的乾旱，以致於人們口渴至死。問題是我們對自然和我們自己為何如此無情？

答案是，我們一直忘記了那個創造和給予了我們生命的原始的根

源——即那個給予和接受的願望之間的力量的平衡。我們目睹這種平衡存在於大自然的所有其他存在層面：任其是非生命的、植物的還是動物的層面。唯獨我們人類認為自己可以超越自然，也許理論上沒有但實踐中確是如此。但事實是，我們根本不能也不可能超越自然，我們確實只是自然的一部分。

我們是自然「說話的」層面，人類的層面，已是自然發展進化到今天所處的最高層面。鑑於此，我們同樣也是自然中最有影響力的那一部分：也就是說，我們的行為影響著自然當中其他所有的層面。但更重要的是，就像我們的行為一樣強烈地影響著自然的其他部分一樣，我們的內在狀態更加影響著自然，而且更加強烈。當我們的內在狀態是一種不平衡的狀態、一種以自我為中心利己主義狀態，一種對自然中那個給予的力量處於無知的狀態時，整個自然就會跟著一起陷入利己主義之中，且意識不到那個給予的力量，甚至每個層面都會跟著人類一起經受苦難——包括植物、動物和人類。而現在的全面危機正是這種狀態的生動寫照。

因此，即使我們現在全都駕駛電動汽車並且只使用可再生能源，這個世界也不會變得更加宜人。而這種狀況，只有當我們認識到那個給予的願望並學會如何使其成為我們生命的一部分時，這個世界才會真正開始不同，開始向好的方向發展。

思考一下：當我們遭受哪怕是像普通的感冒一樣輕微的煩擾時，它會影響到我們的整個身體。我們不能輕鬆地呼吸，我們變得沒有食慾，我們的體溫提升，我們變得虛弱，我們的注意力下降。類似地，整個世界就像一個小村莊一樣，我們所做的一切都會影響到每一個人和其他所有的一切。因此，我們必須從最根本的層面——也就是願望的水準——去瞭解並實現與大自然的平衡，並將之落實到我們的生活中。

當然，這並不意味著，假如我幫助了一位老太太過馬路，大西洋的颶風就會停止了。這是說，如果我們都關心他人的福利，至少像目前關心自己的福利那樣，因為我們想要瞭解那個給予的力量，那麼，我們將會一起使痛苦成為過去。

這聽起來非常好，但如果你還記得，自然中唯一的不和諧的和破壞性的因素就是我們人類的話，那麼，當我們在和諧與平衡中團結起來，我們就能將正在變得像地獄一樣的地球逆轉起來，就變得完全合情合理。而最完美的是，我們不需要做任何事來實現這一目標。自然本身就會這樣自然而然地發生，因為我們的這種新的平衡感覺將會指導我們如何正確地管理我們自己並建立一個人間天堂。這一切不只會在生態系統上得以實現，也同樣會在經濟、教育、健康和我們生活中的其他所有方面得以實現。

17 我能做些什麼？

我把這本著作命名為《拯救：如何在世界危機中變得強大？》，因為今天我們不能依賴他人為我們這麼做。你可能已經感覺到書名本身的諷刺和矛盾：雖然克服危機的唯一辦法是全人類共同努力，但採取這種行動的決定卻在於每個人和所有人。

正如我們在全書中闡明的那樣，宇宙是在兩種力量（給予的願望和接受的願望）之間的平衡中被創造出來的。而且因為這些力量存在於萬物之中，宇宙中的每個元素不因大小，不因其複雜程度，都必須在其中保持這種創造生命的平衡。不在其中保持彼此之間平衡的物體和生物將無法生存。

在動物王國，動物只吃牠們所需要的，自然在其完美的生態平衡鏈條上安排給牠的動物，而不觸及其餘。這樣，動物只會在有大量青草的地方吃草放牧，而會離開那些乾旱枯竭的地區，或者只會捕食那些弱小或患病的動物——這樣一來，牠們都自然地與大自然保持平衡。自然就是如此維持並促進並保障了那些更強大的、更健康的植物和動物的繁榮和進化。

但人類的故事就不一樣了。透過與自然和其他人的互相聯繫，我們人類不僅想要像動物那樣從大自然中獲取養分，也想要從其他人那裡獲利。當我們開始利用其他人時，我們就不再和自然的這兩種力量和諧一致，因為我們在過度地運用著這個接受的願望，而沒有足夠地運用那個給予的願望。這樣，我們就破壞了創造和形成生命的這兩種力量之間的平衡，因而干擾破壞了自然的整體性。我們今天所面臨的全方位多緯度的危機，實際上正是這種平衡被打破和喪失的表現：也就是我們人類強加於自然的不平衡。

如果我們學會了如何在我們的內心中將這些願望平衡下來——即獲得我們生命所必需的，而把其餘的一切都給予自然和人類——我們將立即恢復那個已經喪失的平衡，這樣，所有的系統都將穩定下來，就像一個生病的人突然被治癒一樣。

正如我們在前面所闡述的那樣，在創造物的各個層面，從最簡單的原子到最複雜的人與人之間的關係，所有的生命存在只有透過合作和自我滿足才能實現。因此，對人類的生存而言，我們所有人都必須透過我們對我們賴以生存的社會做出貢獻來實現我們的個人潛力。為整體貢獻在前，自我實現在後。

如今，這個社會包括了整個世界，而不是某個狹隘的國家，一個城邦，一個社區，一個公司，或一個家庭。在二十一世紀的第二個十年，人們將越來越清楚，個人的、自私的成功的時期正在接近結束。

自十九世紀以來，主宰世界的主要經濟學派是「個人經濟」Economic Human （Homo Economicus）的概念，它的指導原則是建立在認為我們人類是「自我利益為中心的行為者」的概念之上。

為了扭轉這一不利的趨勢，並迅速治癒這個殘缺的世界，我們需要做出一個微小但極為重要的修正： 從「個人經濟」到「總體經濟（Economic Humanity），這一新的指導方針應該依賴於人是為了人類整體的集體利益的行為者，需要每個人和所有人都開始有這種意識。

就在我們將我們的態度改變，為開始朝向互相使對方受益的方向的那一刻，我們將開始改正那個自巴比倫時代以來人類就犯下的錯誤，而這個效果將會是立竿見影。

現今所有科學家、政治家、經濟學家和商人都知道，我們是相互依存的。難怪現在這個世界的每一位領導人，從歐巴馬到胡錦濤，從布朗再到普京，都正在提倡團結，提倡和諧。但這需要全人類的每一個人一起來取得成功——需要世界上的每一個人和所有人。我們都置身於那個自然的平衡法則之中，沒有人和任何事物存在例外，因此，它確實是每個人和所有人的責任。

做為結束，在最後，我想發出一個強烈的呼籲和美好的倡議，為了拯救我們自己，我們每個人都需要這樣做：

不要問這個世界可以為我做什麼，
而是我能為這個世界做什麼。

SPAIN
ITA
G20
GREECE
PORTUGAL

第二部

萊特曼博士有關
危機和其解決之道的對話

關於世界金融危機的對話
關於自然災害的根本原因的對話
在天和地之間永恆的戰爭
關於愛和婚姻
利己主義的目的

1 關於世界金融危機的對話

——人性的基本原理

2008 年 11 月 2 日

A. Kozlov：親愛的觀眾朋友們，午安。今天國際卡巴拉學院的院長麥可 · 萊特曼博士正在接待一位客人——李奧納多 · 馬卡龍先生，他是俄羅斯最大媒體控股公司「莫斯科 Pronto」的董事，俄羅斯期刊出版社協會副會長，莫斯科國立新聞大學的教授兼廣告和市場行銷專業的科學顧問。

馬卡龍：感謝你邀請我來。尤其因為我剛從美國來到以色列，給大家帶來了新的新聞，如果有人稱它為新聞的話。在此正好有機會拿它與在以色列發生的事做一比較。

A. Kozlov：我們向萊特曼博士提出第一個問題。現在大家都看得出來，一場嚴重的經濟危機正在全世界範圍內蔓延。人人都在思考和評估這場危機，很多關於危機的評論和分析資料已出版。我們想知道你對此次危機的看法。這次危機有什麼特點？它與以前的幾次危機有什麼不同？

萊特曼博士：這次危機與以前所有危機的不同之處在於，它的全球性，這是我們對它的正確叫法。當今人類這麼定義它也是對的。大致說來，卡巴拉幾千年前就談論過危機問題。早在八十年前，二十世紀最偉大的卡巴拉學家巴拉蘇拉姆曾在他的文章中談到過關於人類全球化的問題，談論人類將達到一個全球化的層面，並論及我們這種聯繫的全球性。今天，這種現象被我們稱為「小小的地球村」、「蝴蝶效應」、每一個人都完全相互依賴等等。然而，當我們發現這種全球性的相互聯繫這一現象的時候，我們卻不知道該如何去做。

我們應該以某種方式聯合我們所有的願望、需求、勞動產品或礦產資源、我們整個的勞動力市場以及我們所有的積蓄。人類在這種情況下該會怎麼做——這還是個未知數。像往常一樣，每個人自然地想奪取盡可能多的資源為己所有。卡巴拉科學認為，假如我們現在已經全球性地相互聯繫在一起了，那麼我們將沒有其他單一的選擇。要不是我們做為一個整體處理當前的危機，就是會飽受自然越來越嚴厲的打擊，直至毀滅，無論如何，我們都將被迫相互聯繫在一起。而且，這種相互聯繫應該是建立在一種良好的、正確的對待全人類的態度基礎之上的。我們應該達到一種與自然界完全平衡的狀態。

換句話說，全球平衡是絕對的、普遍的、一體的。而這正是當今危機的癥結之所在，一方面，客觀上我們全人類已經是一個單一的相互聯繫相互依存的整體，這要求我們必須以整體利益為最高利益，但實際上，我們每個人，每個社會形態卻還一直停留在在利己主義的思維和行動模式上，沒有跟上這種時代變化的環境。

現在的危機只是顯示當今人類與自然界間出現的失衡和不和諧的第一批徵兆，表明自然要求我們以同樣的相互聯繫的方式與它相適應。因為我們的利己主義以及我們其他的所有需求、品性和能力正逐年甚至逐日在飛速地增長，顯然，假如我們繼續以相同的自私自利的方式發展的話，那麼我們將與自然及它的普遍的平衡法則越來越背離。那麼，這次危機只會是危機顯現的第一徵兆，更嚴重的危機還在後面等著我們。

這是卡巴拉描述出來的當前我們所處的狀態和我們目前所處的階段。對此我們必須認真對待，因為我們不可能按照我們的意志逃避它，我們也不可能再更大程度地與自然相互割裂，也不可能脫離他人而存在。因此，我們所有人和每一個人的未來都依賴於我們的明智決斷，也就是遵從卡巴拉智慧描述的自然法則。沒有人能逃脫這個法則的約束，因為我們已經達到了一個全球性相互聯繫的發展層面。這正是卡巴拉如何看待這個問題的，雖然卡巴拉智慧中有很多細節和微妙的地方需要進一步理解，但這是基本的主題。

A. Kozlov：謝謝！我想問一下我們的客人萊昂納多對此有何評論。我們知道你所從事的工作使你有大量的時間去環遊世界。你訪問美洲和亞洲，去中國和俄羅斯……你對這一現狀有什麼看法？你是什麼樣的態度？世界是怎麼理解危機和如何解決這個難題的方法？目前，整個世界對已出現的這個現象瞭解到了什麼程度？

馬卡龍：在我回答這些問題之前，我想請問萊特曼博士一個問題：對你來說，難道不覺得我們能向人們解釋他們有義務關愛他人這個問題太天真了嗎？縱觀整個歷史，特別是任何經濟發展的歷史——尤其是商業的發展，商業首先是建立在佔取他人便宜的基礎之上的。你只能靠佔別人的便宜獲利。那又怎麼能在人或國家等主體之間建立起這樣的一種經濟關係——一方面它能發展經濟，而另一方面又不佔他人的便宜呢？

萊特曼博士：我知道這不是一項簡單的工作。首先，我認為經濟不應該再沿著這個到目前為止一直以來這種相同的方向發展下去。經濟發展的目標應該在其發展方向上進行根本性的改變。人們應該像認識地球是圓的那樣，也能認識地球上的一切都是屬於我們大家的，人類生產的一切也是屬於全人類的。換句話說，人們應該公正分配、公平地接受、利益均衡。這聽起來像是一場白日夢或是一種不可能的做法。這是個「太陽城」，純烏托邦式的。但遲早……

馬卡龍：這是共產主義實現時的最高理想境界。

萊特曼博士：是的。但是，我們看到現今美國突然開始發起反常的社會主義運動。二十或三十年前誰會想到可能會這樣呢？

馬卡龍：你是說正在實施的局部的國有化？

萊特曼博士：是的！

馬卡龍：你是指美聯儲插手銀行業？

萊特曼博士：當然！這有悖於銀行最初的創立原則。它的創立原則是自由企業。但這是哪類自由呢？

馬卡龍：強者生，弱者亡。但是，他們不會讓銀行倒閉的，不是嗎？

萊特曼博士：是的。實際上，現在我們已經看到一些改變。卡巴拉科學並沒有說我們將會立刻改變人們的觀點和教育。首先，我們談及的問題是人們生存的真實世界給我們的啟示，是那個我們必須依照它平衡我們自己的思想和行為的自然法則給我們的啟示。否則，我們將無法生存。

馬卡龍：回到你用全球化視角審視危機的問題，不僅透過大眾媒體之眼，而且透過接觸不同的國家，我得說它已經引起了很多強烈對立的情緒。一方面，每個人都在談論和撰寫著這一史無前例的危機現象。例如，甚至是艾倫 · 格林斯潘，這位當今美國金融體系的指路人，承認了他犯的錯誤。他低估了對金融體系的發展不受控制存在的危險。他說，類似這樣的金融海嘯一百年才可能發生一次。這段話本身表明了很多內容。

萊特曼博士：換句話說，他們認為那只不過是一種正常的金融海嘯，是這樣嗎？

馬卡龍：不，不。他們不是這麼認為的。他說這類事件一個世紀才會發生一次。

萊特曼博士：那就意味著我們將從這次金融海嘯中存活下來，一切又會變得像從前一樣，是嗎？

馬卡龍：是的。

萊特曼博士：但是，我要告訴大家的是，這種認知正是將要毀掉他們和全人類的根本原因之所在。

馬卡龍：但是，除了能聽到你的言論或卡巴拉理論之外，人們現在還需要維繫生存。他們還需要確保當今的世界經濟體系能夠正常運行，不是嗎？

萊特曼博士：是的，沒錯。

馬卡龍：在美國、在中國發生的事情，冰島要求俄羅斯更多的信貸，以及在非洲——其境況正在惡化，所有發生的這些事件都表明我們現在需要做出一個決定。我們當然能呼籲人們：「讓我們手牽手。為什麼你不能把你的原油和天然氣與我們共用呢？這聽起來很不現實。現今，我想恐怕沒人願意給予他人任何東西……」

萊特曼博士：他們當然不會。

馬卡龍：不僅不會給予別人，他們甚至會拼命去索取更多的金錢和資源。一方面，這場危機開始類似日本二十世紀九〇年代早期發生的情形，當時發生的是通貨滯漲，而不是經濟衰退之後常見的通貨膨脹。日本花了十年工夫都未能解決這一問題。他們向企業無償提供信貸，企業甚至為接受貸款而獲得獎勵！儘管如此，企業卻不願意接受這些貸款，因為他們不知道拿這些錢來做何使用。建設和生產都是行不通的，因為沒有人願意購買任何東西。這是目前存在的危險之一。

另一方面，當所謂的第二次虛擬經濟被創造出來，這也許是一件好事，因為過於膨脹的金融泡沫實際上是當今危機的真正起因。比如，一批價值一兆美元的成品，但是人們卻在帳面上登記為一個更大的數額。換句話說，裡面含有很大的欺騙成分。他們增加兩個或三個不存在的兆美元進去，而人們正花著、用著這些實際不存在的錢去發展。

實際上，這些「被登記」的錢以信貸的方式由一個國家轉入了另外一個國家。這些錢推動並發展了經濟。中國、巴西、印度和俄羅斯的經濟都因此增長了。這些投資是建立在那些國家創造出來的財富的基礎之上的——一部分「被登記」的錢做為外匯儲備儲存在那些國家的中央銀行裡。現今，當那些虛假部分被蒸發掉時，其中的「空氣」就必然被釋放。也許我們真的應該回歸到商品與服務代表其實際價值的情況上來了。

萊特曼博士：這就意味著要回到一百年前的情形。

馬卡龍： 也許少於一百年……

萊特曼博士：好吧，四十或五十年前。

馬卡龍：是的。很顯然我們應該回過頭來對一切事情都重新做個評估。這樣它至少能影響到全球市場（主要是證券交易市場）——人們在那裡從事投機交易——的運作。

萊特曼博士：你已正確地指出它已經是一個全球化的市場。

馬卡龍：是的。這是個全球市場，毋庸置疑。

萊特曼博士：這種情形不同於四、五十年前，不是嗎？

馬卡龍：是的，這正是它特殊的地方。它的特殊性在於，假如過去一兩個國家發生危機（比如二十世紀九〇年代的阿根廷危機、巴西危機或東南亞危機），人們能帶著錢逃離到那些沒有危險的「綠洲」地帶，在那裡等待危機過去。而現在，人們已沒有地方可逃，因為危機已經影響到了全球每一個國家的金融體系。現今，任何一家銀行的冒險行為都不僅會令自身處於困境，也會使全球金融體系都處於波動狀態。因此，人們即便想帶著錢逃離也沒有什麼「安全」地方可以去躲避。這表明了一場嚴重的危機，一場非常嚴重的危機……

萊特曼博士：我認為這是一場救贖！因為，無論如何人們遲早將意識到沒有任何地方可逃，他們現在必須既要顧及到自己的國家或銀行，又要顧及到整個世界。

馬卡龍：我重複一遍，你可能是正確的，但是人們需要一個能解決當今問題的辦法。

萊特曼博士：要找到正確解決當今問題的辦法，首先，人們需要看清他們現在已經依賴於全球系統這一事實。如果無視這一事實，人們將會給自身帶來更大的打擊。假如你主管著一個祕密的、相互關聯的系統，你怎麼能僅考慮其中一小部分而不考慮其他部分呢？你不可以說「我只想做這一部分而不涉及其他⋯⋯」事實上，你做的任何事情都依賴於整個體系的運作，而且你也會影響這個體系的運作。這是無法逃避的，是不以我們的意志為轉移的！

馬卡龍：儘管如此，全球性的措施的確存在。當布雷頓森林貨幣體系被引進來（現今世界經濟和金融體系的建立在其基礎上）時⋯⋯

萊特曼博士：但是，這一體系最終導致了它自身的解體，不是嗎？

馬卡龍：⋯⋯全球調節器被創造出來——世界貨幣基金組織和世界銀行，它們的任務是實現世界貨幣金融領域的穩定。不幸的是，他們沒有取得成功，主要是因為很多國家沒有理會這個綜合性建議。

萊特曼博士：正是這樣！

馬卡龍：那麼是，各個國家的自私自利導致了這個體系的失敗。

萊特曼博士：這就意味著目前我們必須把這種全球性的利己主義考慮進去，不允許它破壞我們的體系；否則它將導致我們再一次的失敗。

馬卡龍：是的。像索羅斯、沃倫 · 巴菲特這樣的世界經濟和金融界教父級的傑出人物都承認，在一個地區或國家範圍內的確存在著這樣的自私自利，而有沒有人知道如何應對這個問題則是另外一回事了。

萊特曼博士：明白。

馬卡龍：很難想像人們能將所有的自然資源當作共有的財富並且一起共同使用。

不管怎樣，當富有國家的一部分錢被撥給貧窮國家做為援助的時候，透過專款和聯合國專用程序表現了再分配的一些基本元素。你知道那個八國勾銷非洲債務的決定嗎？非洲已在不斷地還錢，但是現在八國卻一筆勾銷了他們的債務。同樣地，俄羅斯也勾銷了東歐的債務。前蘇聯時期，非洲和亞洲國家不斷地得到前蘇聯的經濟援助和武器援助。這事實上就是這種再分配的一種形式。

萊特曼博士：我不能同意你這種說法，因為它全部都是建立在更強悍的利己主義基礎之上的。我必須損失點什麼？這就好比勾銷利比亞的債務，以便利比亞將會購買更多的武器一樣。我認為它不是一個正確的、良好的國與國之間的相互作為方式。

馬卡龍：唉，但人們必須吃飯；為了吃飯，人們必須工作；為了工作，人們必須生產能夠賣得出去的、被他人消耗的產品；然後，透過進行交換，他們得到自己需要的東西。大國——美國和歐洲各國——是全世界商品的主要消費者（包括以色列）。我曾和以色列商人們開過一次會。他們說，一方面，以色列港口擠滿了運來的貨物集裝箱，但因為人們沒錢買，這些商品賣不出去；而另一方面，以色列又不能將自己的產品運到美國和歐洲，因為他們不給錢。目前需要解決這個問題。

萊特曼博士：這個問題不能按常規方式解決。自然，你無法在受重創的地方只貼一塊 OK 繃，因為治療在於全面的解決問題。這迫使我們必須將地球上的全體居民考慮進來。

馬卡龍：好吧，讓我們拿它與病人來類比一下好了，我們知道他病了，必須送他到手術室。而我們做了什麼呢，給他打一針，讓他聞一下氯化銨，並簡單地做了一下術前包紮。換句話說，現在根據病情要做的卻是我們必須把他送進手術室。

萊特曼博士：不，這是錯的！你現在想的不是手術！假如你正考慮手術，你今天的所有行動（甚至最小的和自私自利的行為）都會成功。你正想的是你怎麼能把自己鎖在那個相同的舊體系裡面——繼續從某人或某物上搶奪、霸佔、獲利，並且利用每個人——你還是在想使這一切能夠以過去相同的方式繼續存在。而這將不會發生！

如果我們真的改變了我們的路線，開始把每一件事物都當作一個全球化體系的一部分，認為屬於全人類，那麼不管我們今天正在做什麼都將開始正確地發揮作用。我們不能只在病人快死時，只給病人打一針，除非打針能一下子讓他恢復正常的狀態。他們將會失敗！你將會看到。他們什麼時候開會？

馬卡龍：二十國領導人會議宣布將於 11 月 15 日召開。

萊特曼博士：你有什麼預測？

馬卡龍：嗯，如果這次會議真的召開，那麼他們將意識到他們將依賴於它。

萊特曼博士：甚至做為政府？

馬卡龍：是的。他們應該意識到有責任做些什麼事情。

萊特曼博士：而且他們一定不能空手而歸，是吧？

馬卡龍：他們應該重新建立國家和金融體系間的信任，因為信用匱乏將導致世界貿易停滯。

萊特曼博士：嗯，想像一下，如果我是我們國家的領導人。我去參加了這個會議，而回來時卻是兩手空空，對我們的銀行和金融體系沒有交代，他們會怎麼看我？我在他們眼裡將變成什麼？因此，他們將不得不創造點什麼。

馬卡龍：他們必須達成共識。至少他們必須就行為的結果達成一致意見：今天、明天以及以後應該做些什麼。很顯然，最重要的決定是找到一個出路來控制美國擴大發行其國債的能力，因為美國國債很大程度上是以印刷美元的方式向全世界分配的。各國領導們的主要議題之一將是——如何約束 1944 年布雷頓森林貨幣體系創立的那個機制。他們將試圖建議把有時擔當實際上的主要貨幣的歐元當作另外一種儲蓄貨幣。他們甚至可能建議採用日元……。

我不知道美國會如何反應。很多反應將依賴於兩天後即將到來的大選。接下來的幾個月，歐巴馬或麥凱恩就此問題的辯論將對其出路的選擇發揮作用。不過，他們實際上真正接管政權只能在 2009 年 1 月 20 日以後。事實上，美國新一屆當選的總統將對 11 月 15 日做出的決定產生重大影響。

昨天以色列電視台報導說整個世界對美國大選是如何地依賴。它揭示出真正依賴美國大選的是中東和平進程和環境保護（因為美國拒絕簽署《京都議定書》，該協議限制向大氣中釋放有害物質）。如果美國領導人為了恢復自己國家的經濟，選擇將來故步自封於其利己主義的國家利益之中，那麼將會給世界經濟帶來什麼後果呢？將會給那些所有東西都只是為美國生產的國家帶來什麼沉痛的打擊呢？……

萊特曼博士：坦白地說，我對向一位病情嚴重的病人使用這些短時間內見效的止血繃帶不感興趣。

馬卡龍：哦，那你就讓他死嗎？讓他死！？

萊特曼博士：他不會死亡。自然不會讓他死去。而且，自然之所以給他如此嚴峻的考驗就是為了使他最終明白自己應該如何去做。我們有機會弄明白當今這個現象的真正涵義嗎？能找到處理它們的恰當方法來說服人類或那些可能導致了這一危機產生的人們嗎？

馬卡龍：嗯，讓我們假設你能向他們解釋這個涵義。然而，當你解釋之後，他們會問你：「現在有六十五億人口需要吃飯。為了吃飯，任何人都應該工作、所有事物都應該運轉，不是嗎？……」

萊特曼博士：讓我們回到從前的狀態。為了解決所有的問題只有一件事情應該加上去——那就是讓我們用這樣一種方式解決他們……我先給你講個簡單的法則，可以嗎？

馬卡龍： 當然。

萊特曼博士：在人類的教育中加入十一稅（一種小額的賦稅，根據法律規定繳納本人收入的十分之一）。人們需要全球性的教育，而且，你的純收益的10%應該就能達到那個目標。這是在卡巴拉中研究的一個自然法則。

如果你這麼做：假如正確的教育體系被建立起來，開始教導人們我們全人類正生存在一個怎樣相互聯繫相互依存的體系內，告訴人們我們如果不這麼做，那麼我們將無法存活；如果我們讓每個國家的大眾媒體都介入其中……沒有獨立的大眾媒體——你知道這個，因為你熟悉這個領域。如果我們能夠啟動所有這些，那麼不論我們做出什麼樣的經濟決策，他們都將會真正帶來良好的結果。

馬卡龍：只是因為人們拿出純收益的10%？！國家仍由以前的統治者統治，他們不會被改變，對嗎？

萊特曼博士：這不重要。沒有人會改變，但是他們將會開始他們的再教育，他們會開始明白。他們將會很清楚地看到自己的處境。沒有什麼超凡脫俗的解釋，我們存在的世界是一個單一的有機體。這意味著所有成員都應該相互關懷，相互保障，意味著我們必須以這樣一種方式相互聯繫——每一個人都關心所有人這個整體、全人類這個整體，反過來會自動保護和照顧每個個體。

馬卡龍：酒店老闆會把錢扔到沙灘上，然後跑去把世界變成一個舒適的地方嗎？

萊特曼博士：不！他會明白他的生活、他的未來以及他孩子們的未來依賴什麼，因為如果不這樣，他們將無法生存。他們將生活在一個更加全球化的世界裡！我們都不能逃避它。世界將越來越多地展示其所有成員間的這種相互關聯、相互依賴。

這就是問題的癥結所在。一方面，他們說：「是的，它是一場全球危機」；另一方面，他們卻不理解危機的深度和「全球性」這一詞的現實涵義。他們想把一切拖回到原來的狀態；以某種方式重新分配。我正在談及的不是別的事情，而是全球教育。

馬卡龍：誰來教？

萊特曼博士：會有人來教，這不用擔心。比如遺傳學家、生物學家、心理學家、社會學家——那些瞭解整個全球體系運轉方式的人們。順便說一句，我們大量的工作和嚴謹的研究都正在致力於這個問題的研究。我們將成立一個全球化的世界協會，該協會將向人們解釋我們實際達到的存在狀態，以及我們人類下一步將達到的狀態。

我們現在已經達到了一個與以往任何一段歷史都完全不同的全新層面的發展層面！我們已是一個全球性的整體！我們已無處可逃！我們無

法再依賴於那些舊的曾經有效的發展理論，不能再用過時的方法來解決這些新的問題，因為問題產生的環境已發生了質的不同。

馬卡龍：事實上，很多人都意識到這個星球上的物質資源是匱乏的，不足以供將近七十億人過高標準的生活。

萊特曼博士：這個觀點不對！我不能贊同這個說法！這個地球能供養數百億人！你能聽懂我說的話嗎？這個地球能夠供養數百億人！你的計算是不正確的，因為這個計算過程不僅出於不正確的消費模式，而且也出於對自然的力量的錯誤估計，因為，今天我們自身思維和行動模式是與這個自然力量是相對立的。

馬卡龍：好吧，他們將告訴你這些都是非經濟範疇的事情。

萊特曼博士：我會說——不，因為你無法想像（這一課題也將被研究到）一場豐收將在多大程度上依賴於人，而不只是依賴於肥料的數量。氣候條件和生態環境也依賴於人。我們應該重視那些我們無法控制，但我們卻完全依賴於它們的事物和力量。氣候、各種災難和自然現象——所有這些因素都應該考慮進來。

如果一個系統是全球性的，那麼我們應該理解自然為什麼這麼對待我們，將我們最終放到了這種環境背景中，為什麼會出現越來越大的自然災害。當我說「全球」這個詞語的時候，我的意思是說自然對我們的絕對的影響。

馬卡龍：我不知道地球將來如何能供養數百億人口。我知道我們今天面臨的問題是怎樣養活這數十億人。事實上，全球僅有二十五億人沒有溫飽問題，而有差不多五十億的人口卻處於營養不良，這其中甚至有二十億人處於饑餓狀態。你能使那些所謂的「golden billion 億萬富翁們」的消耗減少嗎？你怎麼能使他們限制他們自己的消費呢？

萊特曼博士：我們有兩種方式：一是用教育這種好的方式，使得他們理解該做什麼，且知道該如何做的方式；或者用「棍棒」打他們的方式。當然，我不會打他們，也不是真的去打他們，但是大自然會。這就是說連續的、越來越大的系統的危機和災難將迫使人不得不變得越來越聰明。他會開始改變其以往曾使他成功和富有的利己主義行為，並盡量改變以適應他賴以生存的體系的要求。

馬卡龍：我想我們還是回到現實的經濟體系當中來吧。恐嚇人類並不是非常富有成效的。

萊特曼博士：我絕不是試圖恐嚇他們！他們必須接受到這種有關全球化和全球化體系下的生存之道的教育。

馬卡龍：接下來是不是意味著：除非我們共用我們的房屋和車輛，否則自然將懲罰我們呢？

萊特曼博士：不！不！這就是為什麼我說到一切都要透過教育。透過大眾媒體，人們應該被告知我們生存在一種什麼樣的自然中，以及自然會要求我們如何去配合它以便對我們全人類和每個人都最有利。

馬卡龍：讓我們假設人們已理解這一切。但這又意味著什麼呢？難道他們會自願交出他們所有的一切？

萊特曼博士：這意味著說超市裡只會有五種口味的優酪乳，而不是有一百種，五種就夠人們選擇了。其他商品也是這樣。

馬卡龍：你在提出一個完全不同類型的經濟體系。這個體系不是建立在人的主觀能動性和商業行為基礎之上的嗎？

萊特曼博士：不不，絕對不是！

馬卡龍：因為主觀能動性和事業心表明一個人有優於另外一個人的優勢。我能做，而你卻不能做？

萊特曼博士：這不是事實。你的方程式裡缺少另外一個小小的合作因素。

馬卡龍：什麼合作因素？

萊特曼博士：全球化。我能消耗多少依賴於這個合作因素！因此，如果我不考慮全球化這個合作因素的話，我食用了我身體需要量的兩倍，那麼結果自然將以打擊的方式返回到我身上。所以，哪怕是只為了我自己的利益，更值得的做法都是共用。分配將是平等的，但是每個人都將會得到自己的那一份。但物品分配不是無償的，應該組織好每一件事情，只有這樣，每個人的工作才會都得到回報。

馬卡龍：讓我們談談這個工作。為了進行宣傳，為了人們能看到宣傳，有人不得不發明網際網路、生產網路所需的設備及人造衛星。這些東西由非常聰明的人——通常是為數不多者——發明，由另外一些具有智慧的人——擁有我們稱之為有企業家特質的人——來組織完成。

他們依靠其主觀能動性並實現了它。現在這個主動性被移去，今天的整個經濟體也將崩潰，不是嗎？你能想像這樣一種狀況——當人們沒有主觀能動性去發明創造或者因為沒有利潤可圖而不去做事嗎？

萊特曼博士：我完全贊同你的說法。你推斷的是做為一個普通的生意人在利己主義思維的模式下正確地從事的生意。我有另外一個問題：我也是個生意人，並且我也以同樣的利己主義方式做事，但我希望考慮的不只是今天和明天。我有孫子，我要給他們在將來留下一個好的生活空間。我能做什麼才會讓他們幸福呢？我應該如何考慮到各種資源、經濟以及社會關係問題來確保我的孩子們，尤其是我的孫子能繼續在將來過正常的生活呢？

馬卡龍：你是說建立一個更加舒適的世界，以使他們能在裡面安全的生活？

萊特曼博士：首先，它應該是安全的。一個「舒適」的世界意味著一個人遵從控制一切的自然法則。那為什麼認為你知道自然法則呢？我們（人類）生存在自然界當中。自然的無生命層面、植物層面和動物層面都在本能地嚴格地遵從著自然法則。換句話說，所有動物和植物都受這個法則的自然影響。我去看病，醫生檢查我的健康狀況，就是檢查我的身體內在是否均衡、和諧。

導致人類不和諧的唯一因素是人類自身，是人類的利己主義。他掠奪一切事物，所做的一切都是有害的。他危害自然，憎恨他人，試圖以他人的利益為代價來贏得一切。當有人情況比他糟糕的時候，他就開心——這樣使他感覺好些。這是我們人類的天性，也正是這一天性使我們與整個大自然作對。

除非我們自己與身邊的大自然保持均衡，否則，最終必將導致自我毀滅。除非我們納入那個均衡和內在的穩定因數，否則我們所有的體系都將不再能夠存在下去。保持我們與身邊自然界的均衡是維繫生命存在的根基。自然需要我們與它保持這種完全的均衡。

在你的商業算計中，那是與自然法則相背離的。這不能再繼續下去！如果你現在不相信我說的話，你將在今後遭受的一次又一次的危機和災難打擊中明白我說的話。自然的打擊一直在強迫人們進行思考，反思自己。而我想阻止人們遭受這樣的打擊。相信我，那些即將到來的打擊是我們不能也不願意承受的。只是我們還感知不到它們正在越來越快速地迫近人類！醒醒吧！人類！

馬卡龍：好，那麼你是在談論人們行為的目的是在掠奪他人的財物嗎？

萊特曼博士：是的，這是我們的天性。

馬卡龍：那麼，那些發明新的治療方法和新的藥品來拯救人類生命的人呢，他們也是這樣的天性嗎？

萊特曼博士：是的，這只不過是另外一種不同形式的利己主義。你曾是軍人，而現在在經商，因此，你知道人類自私自利的表現有多種不同的形式。儘管這不是問題的要點，要點是對所有問題進行一個全面的全球性的分析，這一點必須納入到今天的思維和行動的計算當中來。我們還不知道如何去處理它，我們正面對一個難題。

馬卡龍：你說，「我們不知道如何去處理它」。那麼，我們應該怎麼去做呢？

萊特曼博士：我們應該逐步去教育人們，向人們展示這個世界是一個單一的共同有機體。

馬卡龍：難道在這同時我們不用做其他任何事情？我們是否應該停止發明新的電子產品？

萊特曼博士：我已經告訴過你——不。為什麼要停止一切呢？繼續做你認為有必要做的事情。而且，如果你的目的只在達到與自然界的最終平衡的話，那麼，現在自然界就已經會友好地對待你了。

馬卡龍：你將反作用並對自然產生影響歸屬為一種能力嗎？

萊特曼博士：如果你扔下這個玻璃杯，它難道不會被吸到地面上嗎？它能不遵守自然的萬有引力法則嗎？

馬卡龍：是的，它當然會遵守。

萊特曼博士：這些法則都是一個相同的法則。你認為人類社會的法則又是如何呢？你從哪兒獲知這些法則的呢？是人們發明它們的嗎？或者是你從發展的歷史進程中發現了它們的嗎？我指的是任何一種法則。我們的內在法則又是什麼樣的呢？一切以基因為基礎，建立在自然界賦予我們的內部的屬性基礎之上。它又是從哪兒來的呢？從子虛烏有？也許你會認為事物是自動地從未知世界中顯現出來的。我們不知道那個一直存在著的法則，但它的確存在。不是嗎？

馬卡龍：換句話說，它被某人控制著，是嗎？

萊特曼博士：不是「被某人」，是自然在控制著它。不過，它是早就被確定好的、和諧的，只需要我們加入到這種和諧當中。從它顯現的特徵中我們能看得出來。它努力保持著平衡。

馬卡龍：但是平衡，我們都非常清楚，卻是排斥行動的。為了平衡不需要做任何事。而且，任何行為都會擾亂先前的平衡。

萊特曼博士：不！你生活在利己主義當中，而利己主義與自然的利他主義法則是相背離的。**並且你的目的在於達到與之獲得平衡的所有行為，都是和你自己現在所具有的利己主義本性是相對立的**。這裡存在著一塊廣闊的研究領域。

馬卡龍：我不太明白這個知識怎麼能用來解決當今人類面臨的全面危機這個問題？與此同時，我們正忙著結束這場危機。

萊特曼博士：你能做到！

馬卡龍：真的嗎？

萊特曼博士：真的。如果現在你同時能為人類開始做大量的教育宣傳的話。

馬卡龍：為誰？為那些現在活著的人嗎？這毫無意義。

萊特曼博士：為所有人。我們知道社會環境對每個個人的影響有多大。如果所有大眾媒體都向我們宣傳正面的資訊，而不是從早到晚報導那些諸如謀殺之類的事……

馬卡龍：媒體將破產。只要媒體一開始只報導好消息，它就會遭到破壞。

萊特曼博士：我們將補償他們！媒體將為人們展現一種新的社會秩序。

馬卡龍：誰的錢夠補償他們呢？難道由國家提供資金補貼他們嗎？

萊特曼博士：我提到的那 10%就夠了。

馬卡龍：因此，國家將不得不向大眾媒體投入 10%，對嗎？

萊特曼博士：當然！美國將停止正在伊拉克或阿富汗進行的戰爭。戰爭花費他們多少錢呢？

馬卡龍：大約一年一千億美元。所以，我們說我們是一個單一的整體，我們必須相互關愛。換句話說，基督教式的博愛佈道將會開始。

萊特曼博士：不，它不是基督教式的佈道！這是為了我們共同的幸福，人們將開始認識自然，遵從自然法則。

馬卡龍：好的。什麼書會研究這些呢？你寫過這樣的書嗎？

萊特曼博士：嗯，目前，有相當多嚴謹的著作談論到這個話題，不過，這些著作與卡巴拉沒有關係。此外，我們將成立一個國際教育中心。沒有它，我們將無法持續……。

我們缺少全球教育。突然之間我們遭遇到一場危機，我們不知道如何應對，我們缺少解決方法。

所有國家都處在相同的處境中，如美國、歐洲、俄羅斯及其他國家。他們都突然發現不知道自己接下來該做什麼了，像小孩子一樣，站在那兒，一臉吃驚地問：「這怎麼會發生呢？它自己壞掉了。」這是為什麼呢？這是因為在我們中間起作用的自然法則對我們來說還是一個未知。

人類第一次面對這樣的危機。這樣的危機平均一百年都不會出現一次。可是它第一次就這樣出現了，而且從現在起我們不得不向理解這個全球化的方向邁進。

這就是為什麼生意還將是生意。人類應該繼續向前發展、進行發明創造、生兒育女，但我們必須同時開始學著遵循自然界向我們揭示的自然法則。我們要教孩子們什麼呢？我們還要教他們牛頓法則和其他科學法則。但是，除此之外，更重要的是，我們必須教會他們如何在一個相互聯繫相互依存的環境中生存，因為我們和自然的對立只存在於相互聯繫這一個層面上。我們應該以自然中各存在層面採用的那種相同的相互聯繫的方式行為，就像自然元素在其他層面中完全平衡地相互聯繫在一起一樣。

馬卡龍：但是自然界既有好的東西也有壞的東西。

萊特曼博士：不。

馬卡龍：為什麼說不呢？

萊特曼博士：自然界中的東西既沒有好也沒有壞，因為沒有哪個自然元素的行為是為了透過羞辱別人或利用他人而獲得快樂。即使一種動物吃了另外一種動物……

馬卡龍：我明白：狼吃兔子是因為牠只是不得不吃兔子。

萊特曼博士：是的，牠是在本能地遵從自然法則，但牠也只吃一隻兔子。

馬卡龍：但是你怎麼向小孩子解釋這些呢？

萊特曼博士：用非常簡單的方式。

馬卡龍：為什麼自然界裡一隻狼要吃一隻兔子，而所有的動畫片演的卻是不允許狼吃兔子？

萊特曼博士：在我們這個時代，所有動畫片裡演的都是與自然真實狀態正相反的情形：兔子殺死了可憐的狼，只有狼中了兔子的圈套，飽受折磨。不，我要說的是我們應該展示自然界真正的那種相互作用。就是在自然界中，所有元素相互支援。狼吃掉兔子絕不是要使兔子蒙羞，而且隨後牠不會殺死二十隻或更多的兔子。牠為了生存僅殺死一隻，而不會需要更多。

馬卡龍：是的，但是這隻特別的兔子有何感想呢？（笑）

萊特曼博士：而人卻給自己買二十輛豪華轎車，事實上，他根本用不了這麼多。

馬卡龍：我明白了。那麼按照這個邏輯，世界上即使是壞人、竊賊和殺人犯，也應該是正常社會的一部分。因為他們都是自然的組成元素？或者說可能將不存在這樣的人？

萊特曼博士：是社會自身造就了這些竊賊和殺人犯，當然，他們會繼續存在直到社會真的發生改變。

馬卡龍：如果所有事情都由自然控制，那麼所有發生的一切都是這個控制的結果。

萊特曼博士：不。除了人是例外，自然控制一切。人類被特別賦予了自私自利的特性，並且被敗壞以便他能夠超越他自己現在的本性，從而自覺地達到與自然的平衡。

可能有人會問：為什麼不把我們開始就創造成像機器人一樣，可以嚴格按照這個法則行事呢？如果我餓了，我只吃半隻兔子，而不會要求更多。我不需要二十輛豪華轎車——我沒有這種慾望，我滿足於我的最低的簡單需求。但這種情況下，我將僅僅是個動物而已！而且，我需要一個強烈的、自私自利的慾望，需要一個有著各種特徵和多種形式的願望。為什麼呢？

之所以是這樣是為了使我能夠開始從一個與自然法則相對立的位置，進而獲得這個普遍的自然法則。我必須獲得這個法則，但不能像是一個動物一樣只是盲目地、機械地順從這個自然法則。透過這種方式而獲得的自然法則將變成我自己的一部分。

馬卡龍：透過教育？

萊特曼博士：不僅僅是透過教育。透過遵從自然法則，我開始感覺到我自己，感覺到自然，感覺到我們的相互聯繫。

馬卡龍：所以一個人應該有一個小前提，但是我不相信，因為我不能相信它！

萊特曼博士：不能相信什麼？

馬卡龍：這個法則。我不能相信，因為沒人能證明什麼。你怎麼證明給我看？

萊特曼博士：我來告訴你。現今的所有研究——不論是社會學的、心理學的還是生物學的研究——都表明我們在人類層面是做為一個單一的有機體全球性地相互關聯著的。這一點甚至不需要證明，人們已經感覺到，並且在說我們都生活在一個小小的地球村裡。

現在告訴我「小小的地球村」這個詞是意味著什麼？如果人人相互憎恨，我們怎麼能生活在這個「地球村」呢？自然自身在迫使我們相互考慮對方。難道我們還有別的選擇嗎？

馬卡龍：嗯，如你所見，他們正在盡力做這個。聯合國……

萊特曼博士：你是認真的嗎？！

馬卡龍：……並且其他國際組織也正在盡力。

萊特曼博士：他們在盡力做無用功！他們在做無用功是因為他們缺少全球化教育這個環節，如果不知道這些自然的基本原理。他們只是在宣揚著同樣的口號而已：「全球化」、「一體化」和「相互依賴」，然後呢？他們不知道接下來該做什麼？這些只是華麗的說詞而已。現實什麼都不會發生改變。

馬卡龍：那麼，到底需要做什麼呢？

萊特曼博士：他們需要向研究這些法則的科學家們學習。這些是自然法則；沒有人發明他們，這些法則僅僅是自然的啟示。我們活在這些法則裡，現在我們應該在生物層面、機械地遵從它們，然後在社會層面遵從它們。所有事物都是聯繫在一起的。

看看所有事物是如何被設計的吧：拿宇宙、行星來說——一切都是多麼地和諧。現在想像一下：一個元素想以另外一個元素為代價來得到它所需要的東西。你能想像到在無生命的宇宙界或植物界中會發生這種情況嗎？而人類卻無知地允許自身這麼做。因此，既然人類不能與自然和諧共處，那麼自然怎麼會以和諧做為回饋呢？結果人類只能是自食其果。

馬卡龍：你的意思是說如果現在人們贊同你的看法……

萊特曼博士：為了我們的子子孫孫們。

馬卡龍：為了我們的子子孫孫們。

萊特曼博士：做你認為在你的領域裡有必要做的事——我甚至不會干預。但是如果你能理解：為了我們的孩子、我們的子孫，同時是為了我們自己，全球化進程將會繼續，並且會深化。

馬卡龍：我會這麼想：我不需要照顧我的孫輩，因為社會將會照顧他們。

萊特曼博士：我應該想到如果不是我自己——誰知道呢，或者甚至是我——而不是我的孩子和孫子，將一直生活在一個小村莊裡。我們應該做什麼來確保他們離開房間時不用擔心鄰居會朝他們開槍，不用擔心他們會被搶劫，或者不用擔心房屋被燒毀、搶劫等等？我們應該考慮這個問題。世界上的重要人物為此正聚集在一起，他們應該正在考慮這個問題。

馬卡龍：那麼，他們不應該正在思考如何解決當今面臨的這次特殊的金融危機嗎？

萊特曼博士：他們當然應該！但是他們應該考慮到這個方法會給未來帶來什麼樣的後果。然後他們將認識到現在應該做什麼——他們應該立即開始全球教育的進程。我們委派你去那兒，你將談論並告訴他們一切。

馬卡龍：不，最好是你去那兒告訴他們，因為要講到這些——一個人應該相信這些法則。一個人應該知道這一切……

萊特曼博士：在我看來，這些法則是顯而易見的！

馬卡龍：這是簡單的世俗邏輯。但是我猜想這個簡單的世俗邏輯不足以向人類證明。

萊特曼博士：這個嘛，這是建立在自然界最嚴謹的生物和物理法則基礎之上的。我們沒什麼能做的。這些法則不像那些人類制訂的人造法則，會突然帶來某些我們不願意看到的結果。我們已看到這些「銀行法則」帶來的結果。不是嗎？

馬卡龍：是的，當然。現在的文化是由人類對全球這個字眼的理解編造出來的。這在某種意義上，彌補了人類存在的無能為力，不是嗎？

萊特曼博士：抱歉……你指的是哪類文化？

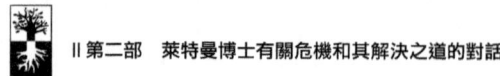

馬卡龍：不過，如果一個人遵照你說的話去做，那麼一切都會朝著這個好的方向發展，是嗎？

萊特曼博士：是的。

馬卡龍：真的能把我們引到這個正確方向嗎？

萊特曼博士：當然。

馬卡龍：因此，這不是人類的錯。

萊特曼博士：不是。

馬卡龍：而且危機也不是人類的錯，是嗎？

萊特曼博士：不是，絕對不是！在這裡沒人應該受到譴責。但是現在如果他們繼續做出不恰當的行為，那麼他們將會受到譴責。如果他們再製造錯誤，那麼他們還將會遭受另外一次甚至更多次打擊；然後，他們將被迫正確地去行動……等等。這就好比一個小孩受到懲罰後被告知：「不許再這麼做了。」他如果不聽，會招來另一次懲罰。如此這般，直到孩子因此變得明智起來，聽話為止。這就是我們學會的方法。想像一下人類看起來像什麼——就像頑皮的小孩子一樣，不知道為什麼他們的創作作品會破碎。

馬卡龍：這確實如此。僅僅在數月前斷言一切都還正常的人們不得不承認，現在我們遇到了非常嚴重的大難題。

萊特曼博士：他們忽視了從自然而來的「全球化」這個概念的真正涵義。我們再也不能忽視非洲、亞洲，不能忽視任何人、任何事。不能了！考慮考慮吧。

但我意識到這在暫時是不可能實現的。現在美國以及整個西方國家，還包括幅員遼闊的俄羅斯以及世界很多新興經濟體，都只注重 GDP 的增長和供給。我理解！但是這都不會提供幫助！假如你開始向其他國家出賣原油和所有勞動力產品，那麼這只會導致事情的更加惡化！

馬卡龍：是嗎，在過去的三十年裡，非洲一直在接受援助。

萊特曼博士：這有用嗎？

馬卡龍：什麼都沒有改變。

萊特曼博士：你看！你還在說聯合國。為什麼要援助呢？這種援助只能助長人們的惰性和無知，導致他們不想學習或工作，不想做任何事。他們已被教育成像那樣！就像一個嬰兒，一哭大人就給一樣。

馬卡龍：他們能做什麼？他們能生產什麼呢？

萊特曼博士：實際上，三、四十年前，非洲還是許多商品和礦產的輸出國，它發展得很正常。突然一切都變了！他們那兒開始了革命。然後發生什麼了呢？我們不需要干預。所有那一切問題將會自我解決，自動地。讓我們只專心於一件事情上——全球化教育。這正是全世界所缺乏的！人類現在不知道應該如何看待這個他突然發現自己身在其中的世界。

馬卡龍：那麼我們將面對一個問題：組織全球化教育意味著我們需要工具，需要一個體系，需要專家，需要資訊傳播的管道。

萊特曼博士：當然！

馬卡龍：我們將不得不印刷材料，發明各種電子載體，這又將把我們帶回到工業領域……

萊特曼博士：當然！

馬卡龍：那還不是不得不被人類領導……

萊特曼博士：是的！

馬卡龍：…帶著他們的利己主義和觀念，也許不知從哪兒來的，與你有同樣想法的人就會出現？

萊特曼博士：是的！有這樣的人！這個能夠實現。我提到的那 10% 就足夠了。我們必須把「十一稅」用到全球化的共同教育上。它甚至受到宗教的接納和支持。因此沒什麼可擔心的。

馬卡龍：8%如何，夠嗎？ 8%？ 7%？

萊特曼博士：你現在正試圖逃避遵從這個同樣的自然法則。這不能逃避！ 10%就是 10%！

馬卡龍：是……

萊特曼博士：我想問你我們怎麼能推進這個。假如我們對此意見一致——有一分鐘的時間我已經說服你了！你認為你能做些什麼呢？

馬卡龍：事實上，做為企業家，我相當清楚地知道這些困難。

萊特曼博士：難道這些不能帶來任何結果嗎？除了悲觀和抱恩賜態度的微笑之外？

馬卡龍：不，不！讓我們假設我們能把這個觀點傳達給世界上二十個已發展國家的領導人——這些國家生產了幾乎 100%的世界產品，並且他們能聽懂我們的話。無論如何，很難想像怎麼去實現這個。我想像不出他們會一致同意創立這樣一個基金——各國都向其撥款……。好吧，假如建立了這樣的一個共同基金，為了人類共同的幸福，有人將不得不來管理它……有人將不得不講述這個共同的幸福！有人不得不將其付諸實施……

萊特曼博士：請稍等！我們不能逃避這個！我們已經達到了發展人類的全球性層面！你能排斥這個顯而易見的事實嗎？

馬卡龍：我不是在排斥它！

萊特曼博士：那麼一個人怎麼能不遵照全球化準則卻還想幸福地生存下去呢？在某一時刻，我們將不得不開始做這個。

馬卡龍：這些人將開會，並將就建立怎樣的經濟和社會關係才能以使每個人幸福而達成共識。

萊特曼博士：除非有人真正向這些已發展國家的領導人們解釋全球化所帶來的變化的真正涵義，否則不會有什麼變化。你明白嗎？他們將使自己的國家孤立於國家利己主義的經濟體中，而這將是一切結束。他們將給全世界帶來下一個更大的衝擊。而在下一個衝擊之後，他們將對任何共同的行動都感到失望，因為他們的共同行為將給世界帶來可怕的衝擊。這個世界將變得更加的自私自利，更加的與自然相對立。這個世界將由許多自私自利的國家組成，而下一個衝擊將把這些國家一個一個的擊垮。因為垮掉而試圖開始獨立行動的那些國家將變成納粹式政權。接下來，第三個階段就會到來——第三次世界大戰將會進入倒數計時階段。

馬卡龍：是的，這樣的預言也存在。當然沒人會希望看到這樣的結果。

萊特曼博士：我明白。

A. Kozlov：如果可以，我想請教幾個問題。實際上，我們的聽眾和觀眾也正積極參與這個討論中來。他們甚至提出解決辦法，並且說很可能僅用經濟方法不能解決這些問題。政治乃至軍事問題——如恐怖主義——一樣可能會變得惡化。人們對此產生的反應非常悲觀。一些人認為人類可能會在危機中損失掉近一半的財產。那麼為什麼我們要吝惜這10%呢？這也許能用來做為說服的論據。

萊特曼博士：總而言之，在我看來，政府在害怕另外一些事情。他們擔心失業的群眾，不是擔心最低收入人群而是擔心那些知識分子、經理人，因為他們會強烈地對抗政權。

A. Kozlov：是的，在莫斯科，數百萬這樣的「白領」會湧向街頭。

萊特曼博士：這是個威脅，一個非常嚴重的威脅，因為他們不是工人，明白嗎？

馬卡龍：順便說一下，在俄羅斯有這樣一種奇怪的現象在產生：金融基金經理找不到工作，而水管工卻供不應求。

萊特曼博士：他們都必須接受再教育。

馬卡龍：是的。俄羅斯缺少大量的真正的工人，但卻富於大量的律師和經理人。因此，這些律師和經理人不得不去找新的工作。

A. Kozlov：請問萊特曼博士，「我們如何落實這個思想？如果我們從經濟、政治、軍事和其他領域轉變到教育，那麼我們如何能說服人們相信公平分配是正確的嗎？」

萊特曼博士：這一教育應該高於所有其他決策！所有的軍事家、政治家和經濟學家在做任何決定之前，首先應該意識到我們生活在一個全球化的世界中，從現在起，我們世界中的一切事物都將相互聯繫得越來越緊密。我們無法切斷我們之間的這些聯繫——這是不可能的！因此，沒有軍事、政治或經濟的方法能讓我們與他人隔絕。如果我們做不到這些，我們又怎麼能無視世界是全球的這一事實呢？不考慮非洲、亞洲、拉丁美洲或其他任何一個國家，我們將不能做任何事情。我們被迫這麼去做！不然，我們能做什麼呢？在這方面，巴拉蘇拉姆認為：我們需要到學校的課桌邊坐下來，只是學習——認知全球化的真正涵義。他在八十年前就這樣寫道。

A. Kozlov：我們的觀眾堅持你應該參加那些領導們的會議……

萊特曼博士：（笑）是的，肯定。

A. Kozlov：與他們分享你的建議。當然，大家不知道是否有人能聽得進去你的話，因此，有這樣一個問題：「為了讓別人聽進去你的話，你應該做些什麼呢？」

萊特曼博士：我認為我們應該只是傳播這個知識。現在我們正透過網際網路做著嚴肅認真的宣傳傳播工作，透過訪問國家領導人的網誌。不管他們實際上是否在接受我們的資訊，這都無所謂。我們應該盡我們的所能在世界範圍內廣泛地宣傳全球化。他們最終將會聽得到我們——話題都是從內部產生的——並且我們將找到解決問題的辦法。

馬卡龍：他們當然也想找到解決問題的辦法，我理解你說的意思。

萊特曼博士：解決問題的方法應該基於彼此之間的聯繫。

馬卡龍：是的。重要的是讓人們這麼去做，不用等著更多打擊的到來，說服他們自願這麼去做，並談論彼此之間的這種聯繫。

萊特曼博士：如果所有的經濟學家、政治家、科學家、卡巴拉學家和社會學家聯合起來，開始創建一個聯合組織來統治這個世界，那麼他們將能做到這個，這將是一次新的復興。假如有很多獨立的組織，那麼將沒有一個組織能單獨應對這個問題。

馬卡龍：既然如此，我們應該致力於建立一個新的「羅馬俱樂部」。這個時代，它將成為一個 Tel-Aviv 俱樂部或者……

萊特曼博士：叫什麼都沒有關係。

馬卡龍：…一個耶路撒冷俱樂部或莫斯科俱樂部，不管叫什麼都將把人們重新團結在一起。

萊特曼博士：是的。

馬卡龍：但是這將僅是一小部分能做決定和會思考的人。

萊特曼博士：這也沒關係！這些人能找到一條屬於人類自己的道路。我相信這一點！

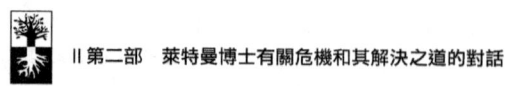

馬卡龍：謝謝！

A. Kozlov：希望這些計畫能夠實現！

萊特曼博士：祝你好運！一切順利！

2 關於自然災害的根本原因的對話

2006年

大家好，應廣大觀眾的要求，本期節目我們將專門探討有關「自然災害」與「自然界破壞性行為」的話題。今天我們再次請到了萊特曼博士。

伊萬・沙亞維奇（萊特曼博士的學生）：今天我們要談一談自然災難這一大家都很關注的問題，所以，也許應該以下面這個最重要的問題開場。

問題：這個世界以及在這個世界上生存著的人類身上，每天都在發生著各種災難和自然災害，我的問題是，這些災難和災害究竟能否避免？

萊特曼博士：好吧，這是個老問題了。可以這麼說，自從有了人類，貫穿人類整個發展的歷史，我們已經經歷過大大小小的各種災難。那麼這些災難究竟能否避免呢？

問題：是否可以這樣說：這些災難在這一方面表明人類相對於自然來說是多麼地微不足道，表明人類之於整個宇宙是多麼渺小。另一方面，我們也可以說人類正在掌控著這一切，或者說它們都是來自上天的懲罰呢？

萊特曼博士：沒錯，所有的哲學思想正是發源於此，自然而然接受也好，對它抵觸不承認也罷。也許我們阻止了災難在這裡發生，可是它又會在那裡發生，而且發生的災難規模會更大……因此，我們不應該去阻止……等等。況且，除了阻止之外，還有很多辦法來應對它。

我願意這樣來講這件事：通常我十分樂於解釋卡巴拉智慧和今天這個話題之間的聯繫。這樣一來，所有人都將能夠向他或她自己解釋明白如何正確地解讀目前所處的情形，也就是災難在告訴我們什麼。

卡巴拉智慧告訴我們，我們生活在一個永恆不變的現實中。這個現實被稱為自然，或創造者，或者叫做「更高的法則」。而且，這個更高之光、這個創造者、這個普遍的總體法則，是處於絕對靜止的狀態的。說他靜止，是指他不會以我們的意志變化。

有很多經文（聖經）描寫道：「我不會改變我的名字」等等。意思就是說，我們生活在一種永恆不變的更高之光的海洋之中，而那個光具有著永恆不變的特性。

那麼，什麼在改變呢？真正在改變的只有我們自己。那個包含著我們以及我們身在其中的那個光的創造的總體計畫就是這樣設計安排的，那個光不會改變，而每時每刻都需要我們不得不調整自己去適應那個光。

各種慾望在我內部浮現，而且我的慾望的本質與那個更高之光是相反的：它們是利己主義的，為的是為自己獲取、接受。然而，那個更高之光的本質卻是為了給予，正如經文所說：創造者是「至善的」。因此，我必須要相應地改正我自己的慾望，以便和那個更高之光變得一樣，也要變得為了去給予。我需要進行一系列的自我改正，如果不這麼做，我就會遭受到和因自己和那個更高之光的相反的程度相對應的各種痛苦。

事實上，整個人類和我們的整個世界，無論是無生命的靜止層面、植物層面，還是動物層面、人類層面等所有存在形式，都感受到這個痛苦。他們從這個光所感受到的各不相同，它們對這個充滿在現實中無處不在的更高之光的感覺是不一樣的。而且，因為我們的接受的願望不斷在增長，這種渴望在一代又一代人身上不斷加強，它在我們內部不斷累積並增強，而且我們無法獲得滿足。問題是我們壓根就沒想過要去改正這個願望，也不知道要去改正這個願望，甚至不知道我們被這個願望控制著。因此我們發現我們自己一代人比一代人在遭受更大更多的痛苦。

這正在發生的危機和災難將會發展到這樣一種地步，以致於人類在二十世紀末的時候將達到一種簡直無法忍受的地步，就像在兩千年前的《光輝之書》中描寫的那樣。

人類將開始陷入毒品氾濫和自殺的深淵，絕望將成為人類所有疾病和問題中最大的問題或頑症。恐怖主義以及各種其他事件都將湧現並爆發，因為人類將感覺自己生存在一個痛苦的世界中。而導致這一切的原因只有一個：我們缺乏一個與那個我們存在於其內的更高之光的形式相一致的形式。

而這按照卡巴拉智慧給我們的建議，改正是一個很簡單的辦法。但這裡存在著一個心理障礙的問題：一個人必須自己同意它，掌握它，認同並領悟它的內涵，並且自己想要去改變自己，然後我們就能夠實際地感受到改正後帶來的永恆、完整和至善。

問題：那麼，這麼說來，根據卡巴拉智慧，你是說災害實際上是可以避免的？

萊特曼博士：災難的避免完全取決而且只取決於：人類內在的利己主義的改正，即從利己主義改正為利他主義，只有這樣才能恢復自然的平衡。除此之外別無它法。沒有任何外在的行動能夠在這方面幫到我們。

問題：你指的外在的行動是指什麼呢？

萊特曼博士：假如我們開始用各種哪怕是最精確探測儀器探測地震，或者簡單來說，就是我們所發明的各種技術手段，除了內在的改正以外，其他任何技術手段最終都將置我們於不利的地步。我們將會看到，我們生產的藥品愈多，我們就會得越來越多的病。我們在任何領域的發展取得的進步愈大，最終我們總會發現它產生更大的負面效應。

問題：這麼說來，卡巴拉智慧也承認預先決定論（宿命論），所有這些災難都是已經事先命定必然要發生的嗎？因為在《古蘭經》、《新約》、《聖經》和各種預言書中都預言說這個時代將是一個災難的時代。那麼，卡巴拉智慧也是同樣的一個認知框架嗎？

萊特曼博士：請允許我解釋一下這個。直到二十世紀初，直到以色列民族開始返回到以色列的土地上，全人類都需要經歷這些艱難歲月，遭受並積累痛苦的經驗。伴隨著這些痛苦，最終的進化發展階段將會隨之而來，只有這樣人類才會發現：任何外在的發展都不會將人類帶到一個幸福的地方。如今，我們已經到達了一個經濟、社會、科技、教育及家庭生活各方面都普遍存在危機的階段，我們面臨各種各樣的社會和國際問題。而且這確實是一場總體性、普遍性的危機，也就是說，突然之間，在所有有人類參與的領域中，我們都不知道該如何繼續前進。

我們不知道該往哪兒走。因為不管往哪兒走，我們最後都會發現，若干年後我們的下場會更淒慘。今天，所有的發展都將我們帶到這樣一種境地，得出這樣一種結論，讓我們覺醒去思考這樣一個**問題：**「我們該怎麼辦？我們生命的意義到底是什麼？我們為什麼是這樣生活？進化背後是否存在某種計畫？有沒有一種會讓我們不必忍受這樣的失敗和痛苦的進化發展規劃呢？」

問題：那麼，我們能夠從這些災難和痛苦中獲得什麼呢？

萊特曼博士：這恰恰正是《光輝之書》所預言的：卡巴拉智慧將被揭示出來，因為在人類最危急的關頭將會出現一個對它的需求。這就是為什麼，我們現在看到世界各地都有人在談論卡巴拉智慧，儘管他們還不懂得這個隱藏著的智慧真正的涵義，以及為什麼它會存在，它是做什麼用的，它中間又包含著什麼樣的真理。它已經從更高世界啟示下來，做為人類下一步的進化發展的指南。

問題：每個和所有災難都在帶給人某種東西，這麼想對嗎？我們能從中學到什麼嗎，我們能認為那個更高力量在向我們昭示什麼，這樣想對嗎？

萊特曼博士：這種情況直到二十世紀初以前一直都是這樣的。並且由於以色列民族在 1948 年回歸到了以色列的土地上，以色列重新獲得了它在這個世界的位置。現在，以色列民族必須完成它肩負的使命，就是說它必須實現它自己，履行它自己在人類中承擔的獨特角色，正如卡巴拉智慧所指出的那樣。這些都是為了讓這個民族得到普遍的改正，然後變成「世界之光」，或者說將卡巴拉智慧帶向世界的各民族。

那時，所有災難確實都將終結，正如《預言書》中寫到的：不只是邪惡的事情會結束，好的事情也會是一樣。而且我們將會看到我們一定會達到那裡。

問題：那麼，我想瞭解一點。我可以拿某一次特定的災難為例，現在盡力去理解它。比如一場地震使幾萬人喪生，難道它是什麼都沒有關係嗎？但這與地震本身是什麼也無關嗎？

萊特曼博士：Talmud 經說，如果在這個世界的任何地方，在任一層面，不論是人類的，還是自然的，無論什麼麻煩——這都是以色列人的過錯，而且這一切也都是為了以色列而發生的。

問題：可是它為什麼會以那種方式發生呢？某種類型的災難出現就是為了告訴我應該從這場災難中學習內在的改正是必要的嗎？

萊特曼博士：因為所有的人都不得不得出那個結論。但是，以色列人是那些最先要開始這個改正的一群人。他們對自然的存在是根據其內在品格與那個更高之光相似，還是與那個更高之光相對立的存在方式負有責任。並且正是這種對立導致了各種各樣的災難發生，甚至引發在某一顆星星上的爆炸，或者可能是導致一場看來與人類沒有任何關聯的森林火災。這些災難事件，在任何似乎與我們毫無關係的層面上，無論是在無生命層面、在植物層面，抑或是在動物層面上，它們的發生都只是因為我們與自然法則的對立，還缺乏必要的改正的結果，而這個改正也只取決於我們。

問題：地理位置是否有意義呢？你說到在那些星星上的爆炸事件。如果災難發生在歐洲或在亞洲或美國，這是否都意味著什麼呢？

萊特曼博士：是的，沒錯，因為我們彼此都包括在一個叫做亞當第一人的靈魂系統之內，在那裡所有的靈魂都是相互聯繫在一起，構成了一個單一的統一的和那個更高之光和諧統一的靈魂。在那裡有一個重要的部分，必須首先改正，這就是對應以色列人的內在靈魂，還有在以後需要改正的其他那些外在靈魂部分，那對應於這個世界其他各民族的靈魂。因此，情況相當複雜，因為這些靈魂的相互關聯創造出一種情況：「義人受苦，惡人得福。」使得我們不能完全看到這些災難和打擊背後隱藏的目的是什麼。

其實我們看到，從自然的根本層面來看，世界的所有民族和國家都潛意識地感覺到這一切都取決於以色列。而且，以色列在今天正在這個世界獲得很壞的名聲，即使我們看起來沒有導致任何危害，即使我們只想和平地生活在這片土地上，善待每個人；即使這樣，我們看到也不能制止這一切的發生。

問題：這麼說來，只有猶太民族應該遭受到這所有的痛苦。那麼，為什麼整個世界也都在受苦？猶太人民首先應該開始改正嗎？

萊特曼博士：是的，但是因為我們所有人在其內在的靈魂層面都是相互聯繫的，所有靈魂都是連接在一起的，就像經文上寫的：「以色列的流放只是為了讓他們和那些異幫人（其他民族）的靈魂相互融合在一起」，所以，從這裡可以看出我們給這個世界的其他民族留下的印象是多麼深刻，因為我們處在精神流放中，在下降過程當中，處於和他們同樣的一種狀態中。而且我們也想要與他們在一起，像他們一樣。

那麼，因為我們對他們所告訴我們的就會感到印象深刻，然後這種仇恨就會來到我們面前，意思是那些力量就會透過這樣讓我們理解存在著一個我們必須改正我們自己的利己主義本性的更高的理由。為了停止這種仇恨，這種反猶太主義，有一些事情必須要去完成。

問題：所以，你是否真的認為這些災難是做為以色列民族還沒有改正他們自己的懲罰呢？

萊特曼博士：不，不是懲罰，就像我描述的這幅總體的圖面，你可以看到它不是懲罰，而是一個根據兩個力量之間要獲得形式同等的那個創造計畫而運作的系統的一個發展階段，也就是在我們那些內在的力量和那個更高之光的外在力量之間要獲得形式（品格）相等的過程的一部分。

如果這兩個力量之間取得了平衡，每個人都將會感覺到永恆和完美。如果這兩個力量之間不平衡，人類將遭受痛苦，而且，以色列將會是首當其衝的，因為它就是導致這種狀況發生的原因。而且，這個系統或程序已經預先被自然寫就，並且在這個系統或程序內什麼都不能被改變，除了我們人類的願望，也就是我們人類唯一的自由選擇之處，而那就是那個真的可以將我們從這種危機狀況下拯救出來並且達到改正的唯一選擇。

問題：那麼，這個方法和任何其他方法有什麼區別呢？他們說拿起某一本書，你讀一遍，事情就會好轉，這個世界將會改變。你做這個或那個，在這裡有本質的區別嗎？在這裡有什麼是新的嗎？

萊特曼博士：這個本質的區別，並不在於讀某一本書。而在於一個人學到他或她需要根據這個系統對他或她自己做一些什麼必要的改變。我認為這個本質的區別在於：你可以在這個世界上有各種著作討論內在的改正，改善你自己的品格，「愛鄰如己」以及所有類似的事情，但是本質的區別在於卡巴拉智慧會將那個更高的世界開啟給我們，並引領我們到達那裡。你會開始看到，而且一旦你看見那個系統和它運行的機理，並且看到你本身就是這個不可分割的整體系統的一部分，那麼，你就會知道如何去正確地行動，因為沒有任何理論的證據、演說或爭論可以在這裡給我們提供幫助。

我們看到只有在一個人能夠感覺它並且看到它確實是如此的時候，

才能使一個人信服，也只有這時一個人才能夠超越他的本性去開始一種新的行動。一個人不可能將他或她的手放在火上，或跳至一個人就是可望而不可及的高度。同樣，當他看到這整個的自然系統，現實的系統是如何運作的時候，這個人將會正確地採取自己的行為。

問題：那麼一個學習卡巴拉智慧而且感知到精神世界的人，是否它就會接受到更少的打擊。或者他也接受到同樣的打擊，但是卻對這個打擊的看法不一樣，因為他清楚地看到在這些打擊後面隱藏著目的和原因呢？

萊特曼博士：首先，這個人不會將打擊感知為是打擊，因為只有一個人揭示出並看到那個真正的圖像，對他或她來講它是否會更容易，因為那個人能看清楚他自己的狀況，甚至它可能很痛苦，他仍能將它看成是有目的的一件事情。

這就像一個人病了並且需要做一些治療，但是知道最後會獲得一個健康的好的狀態一樣。這個人已經為那個最後將會出現的狀態感到幸福。這被稱作「對判決的甜化」或「對痛苦的甜化」。那個人也馬上看到他或她如何能夠改正這個狀態並且獲得一個美好的生活，不需要透過再一次靈魂轉世，不需要再過一千年，並且可以不用再成為一個貧窮、潦倒的人，不用再不知道明天會發生什麼，不用再比其他創造物更低等等。

並且這裡，對你來講，存在著一個簡單、健康並對你已經公開的方法，而且在今天已經並正在對所有人開放。這在以前從未發生過，它已被談論過幾千年，但是沒有人明白它。但是現在，他正在開始被啟示出來，而且任何想要瞭解它的人都可以接近它，任何真正對它感興趣的人，需求它的人都可以學習，研究它，獲得它。

問題：所以，你實際上是在說卡巴拉智慧，它的被啟示和處於痛苦狀態的人類對解脫其痛苦的需求會在某一點上會合，在通往精神世界的路徑的某一點上會合。

萊特曼博士：是的。

問題：那個會合點取決於什麼？聽起來好像它依賴於痛苦。所以，也許現在有更多的痛苦是否更好呢？

萊特曼博士：不，如果能夠說服以色列民族現在就開始去改正，以便我們不會達到這個世界上所有的其他民族（國家）都對我們產生仇恨的狀態，不會達到超越我們的控制能力的狀態，不會達到恐怖主義發展到我們無法控制的地步的話，將會更好。

那條改正的道路對全人類來說都會好的多得多。它比痛苦的路徑好的多。而痛苦則意味著人們知道經歷那些打擊將給人類帶來什麼樣的感覺，就像我們以前曾經在二戰的大屠殺中經歷過的那樣，直到我們決定我們需要改變一些什麼。

我們可以看到即使這樣的痛苦在現在也還沒有帶給人類正確的答案。我們已經經歷過那場種族大屠殺，並且因而有一些人開始問他們自己，「為什麼，為什麼會是這樣？」他們也許會說，沒有創造者，沒有上帝存在，沒有控制著宇宙的力量。有一些人甚至已經將那個讓他們感覺痛苦的術語拋在一邊，而只是探究「為什麼」它會發生。

因而，如果一個像這樣一場大災難都沒能將我們引領到一個我們多少應該問一下為什麼它會發生的原因的狀態的話，這說明我們不得不再以其他形式經歷它。我們必須揭示這個方法，這個智慧，這個整體系統的運轉法則以及它是如何運作的，以便人類可以瞭解它並將它揭示。只有那樣，人類才會認識到它是可以達到的，可以實現的，也就是才可能有真正的改正。

問題：在這個世界上，有很多人用很多方式正在利用危機和災難試圖去解釋，使人們確信他們是對的，試圖從別人的痛苦中獲取利益。卡巴拉智慧在這方面有什麼不同，如果說到向人類解釋並說服他們，說服那些處於痛苦中的人們？

萊特曼博士：當然有很大不同，我可以這樣表達，也許在我說的當中你也看不到什麼區別，你們知道在這個世界上有痛苦，也有它為什麼產生的原因。每個人都這麼說。然後，他們說這個原因是這樣這樣的等等，說這是人類的本性，也說人類必須改變，每個人都這麼說。接下來呢？他們有沒有提供更進一步的手段和方法？他們在他們手上有沒有叫做更高力量的東西，有沒有那個可帶來改正，人們可以用它來改變其人性的更高之光呢？

人的本性是整個宇宙中唯一可以而且一直在改變的東西。我們是否可以利用某種力量來改變我們的這種天性呢？而這正是卡巴拉智慧和所有其他教義之間存在的區別。

問題：所以，實際上在這裡沒有東西需要使人盲目信仰？

萊特曼博士：是的，沒有任何要使人盲目信仰的東西。而且，透過講給一個人聽，來使他或她信服是不可能的。如果一個人感覺不到這就是他自己的問題，感覺不到他的痛苦是與某些更高的目的和原因有關聯的，而且他自己不問他自己這個痛苦的原因的話，無論如何你也說服不了他。

巴拉蘇拉姆在其十個 Sefirot 的介紹（Talmud Eser Sefirot）——（我們有六卷這樣的著作，這是我們主要研究的著作，十個 Sefirot 的研究）中問道。他在那篇文章裡的開始，在那篇簡介中問自己，甚至他問他自己為什麼要寫這本著作；它是一本非常博大精深的著作。因此他問他自己：「這本書是為誰而寫的呢？」他既沒有說是為宗教人士，也沒有說是為世俗人士，也沒說是為哲學家而寫。他說他唯一寫給讀者的是那些在問他們自己「我生命的意義是什麼？」的人們。

它是一個最終極的問題。它僅僅只取決於一個人的內在發展的成熟度。他或她可以是一個建築工人、一個鞋匠或一個教授。這都不重要，重要的是不管是誰，他或她開始感覺到這個問題來自內心最深處，而且不可以再忽略它的渴望。這個人必須瞭解為什麼他或她正在痛苦。為什麼他的生命充滿著痛苦？而且他們不是在問如何去逃避痛苦，因為逃避不了一個有關生命本質的問題。

但是那個人詢問的有關在生命中存在的一個更深層的原因，「什麼是生命？它從哪裡來？為什麼它充滿了麻煩呢？」生命意義，這個問題有著一個更深的基礎，而且一個更深的基礎已是一個精神的原因。這是因為在我們這個世界中的一切都是從精神世界演化發展而來的。有很多人來找我們，而且他們都不同，而你根本不能預先知道誰可以接受這個智慧。

問題：那麼，它實際上到底取決於什麼呢？是否取決於一個人遭受到一千次打擊以及越來越多的痛苦，那個心裡之點在他或她內心開始覺醒，或者是否他們還會繼續遭受更多的打擊呢？

萊特曼博士：真正有智慧的人是那些能看到什麼正在來臨的人，而這就是整個的差異。有的人被打擊了一生，卻只是低下他的頭說道：「我們能做什麼呢？這就是人生。」也就是說他或她仍然不會使自己的頭腦沿著那個痛苦的感覺去進行思考，而這可以幫助他或她逃脫那些打擊，並且防止下一次打擊，開始去研究並找出它來自哪裡並且為什麼，這樣他可以使這一切變得輕鬆愉快一些，並且由此改變他的發展的步驟。

也有一些人是隨著自己的經驗進化發展的，直到他們開始變得聰明，而且這些人會開始去探詢生命的意義並以這種方式進化發展。有很多痛苦是必要的，但我個人很樂觀，因為我看到卡巴拉智慧是如何開始在我們的生活中正在扮演著越來越重要的角色。我們將不得不開始被要求進行的改正，而且根據我們和那個更高之光取得等同的程度，我們將相應地進入一個和平與永恆的狀態。

問題：而且那也會包括全人類嗎？

萊特曼博士：然後會擴展到包括全人類，我們將是其他民族的光，而這實際上就是我們身為以色列人的使命。

謝謝，萊特曼博士。我希望這回答了觀眾對災難這個問題的答案。畢竟，我們結束於一個樂觀的資訊，不是嗎？

עוני, מלחמות
משבר, יסורים
ערבות הדדית

3 在天和地之間永恆的戰爭

2001 年 Vesty 報紙對萊特曼博士的採訪

（在特拉維夫的海豚迪斯可舞廳遭恐怖襲擊後不久）

在人行道上，一個哭泣的女孩跪在擺放在地上的蠟燭前面。她已經不知道在絕望中哭泣了多久，她黑色的裙子都已經泡在淚水當中。在她的面前，鮮豔的紅玫瑰被整齊巧妙地排成一排，將那些在人行道上已經變得暗黑的斑斑血跡隱藏在玫瑰下面。

「一個男孩昨天就躺在這裡。」她追憶著她的男朋友並開始失聲痛哭。她說，現在不是報紙報導的適當時間；因為有太多的鮮血。這是六月的第三天，在這個時刻，世界上沒有任何一個人可以向跪在蠟燭前面的這個女孩提供足夠的安慰。就在六月的第一天，就在這個地方，她失去了她所有的希望，剩下的只有她那透不過氣來的、沾滿著血跡的愛。

在一篇關於二戰那場大屠殺的文章中我偶然發現這段簡短的對話：「當所有猶太人被迫進入納粹的毒氣室時，你的上帝在哪裡呢？」

「他就站在毒氣室的門口哭泣。」這是得到的回答。

當我引用這一段對話給萊特曼博士時，他回答說：「多麼淒涼美麗動人的語言，但是如果我們不知道創造的目的的話，這一切都絕對沒有任何意義。」

問：但那個男孩所流的血和那個女孩的痛苦至少需要一個解釋，如果安慰在那一刻似乎不太可能起作用的話。不管創造的目的是什麼——至少得有某種理由！

萊特曼博士：如果你找我是想尋求得到安慰的言語，你可能找錯對象了。我不會告訴你任何有關那次流血或這些痛苦的任何事情，雖然我的傷心程度絲毫不亞於你。我的悲傷是另一種形式的悲傷；我不能參與你們這種無謂的悲傷中來。但是，如果你想瞭解現在在以色列到底正在發生什麼？這個世界又正在發生什麼？為什麼？以及我們應該做些什麼的話？這我倒是可以解釋一下。

我們連同我們置身其中的這個世界——位於整個宇宙的最低點。創造者將我們放置在這個最低點是為了讓我們能夠按照祂的計畫，獨立自主地提升到宇宙中的最高點。我們應該在完善程度方面變得和創造者相等，即被寧靜和知識所充滿。為達到這個目標，我們必須從我們這個世界的最低點開始在精神階梯的所有一百二十五個階梯上逐級開始攀登直到最後達到和創造者等同的狀態。這個階梯由五個階段組成，每個階段又由五個 Partzufim（Partzuf 的複數）組成，每個 Partzuf 又是由五個 Sefirot 組成的。加在一起，總共有一百二十五個 Sefirot，一百二十五個品格和階段。

問：你剛才所說的一切都是絕對的理論資訊。我們可以用它做什麼呢？它與我們這個世界，與這些在人行道上的血跡，與這個世界發生的災難有何關係呢？為什麼我們要根據我們被創造者放置在「這個宇宙中最低點」的這個計畫付出這麼大的代價呢？

萊特曼博士：我們的談話如果只是帶著這樣的問題和需求，我們將得不到任何結果。只有當你已經研究並理解了宇宙的內在規律、瞭解了超出我們這個小小的物質世界的那個精神世界的性質後，你才會得到答案。當然，你今天沒有問我為什麼一個人從一幢大廈的七樓跳下去會被摔死或如果他不會游泳，會被淹死這樣一些問題。對你而言這些似乎都很正常，因為你知道一些會造成它們發生背後的相關物理法則，而且你對它們的可信度沒有絲毫的懷疑。

但是，根據創造的發展曲線，自二十世紀末以後，你和我們同時代的人都必須開始去學習那些有關精神世界的規律，這就像學習我們這個世界的物理法則一樣不可或缺。這是為了就像瞭解萬有引力法則一樣，了解它們而無需對它的存在持有任何懷疑一樣。我們在我們接受和運用精神的規律方面已經滯後了很長時間，特別是猶太人。我們一方面在無知地破壞自然（指違背自然規律），卻在另一方面又在我們違背了它們之後，在我們被淹死、摔死和燒傷時憤怒地抗議。

如果你仔細查看創造的進化發展的曲線，它的改正和救贖，你可以看到所有這些過程和他們發生的時間早已被預先設定好。在過去，這一資訊一直被祕密地隱藏著，只有少數幾個人可以接觸到它。然而今天，它已免費向全世界公開。這一資訊對今天的人類非常重要。它比萬有引力法則更重要。它不僅僅只是和我們在這個世界裡的存在有關，而且整個人類的未來發展方向也取決於它，而首當其衝的是以色列人。

我們所有的靈魂都屬於一個被稱為「亞當」的單一的集體靈魂的一部分。這是創造者創造的唯一的創造物——統一的靈魂。根據創造者的計畫——也就是創造的程序——這個靈魂必須使其本身和創造者的距離達到這樣一種程度，以致於讓它感覺和經歷這個狀態帶來的所有辛酸痛苦、屈辱、虛榮、缺陷和不穩定。這一切的發展過程之所以會是這樣，都是為了使創造物自己想要變得像創造者一樣，自己想返回並提升到創造者那兒。

從創造者的降落和之後的提升再回到他（創造者）的過程的整個要點就是為了使這個靈魂（創造物）獲得想要變得類似於創造者的渴望。當它是出於自己的自由意志返回到創造者那裡時，這個靈魂就會比它曾經存在的那個原始狀態時會感知到大無限倍的快樂、永恆、崇高的知識、寧靜和完美。

這個靈魂從我們的這個世界向創造者的提升過程是一個逐漸橫跨

一百二十五個階段的過程——根據靈魂獲得創造者的屬性的程度。而且靈魂回到創造者的過程，應該是在還活在我們這個世界的時侯就完成，而並不是像詩人們經常描述的那樣，是在死後。在這架梯子的最低階段是絕對的邪惡，而階梯的最高點則是絕對的善，而這兩點之間的所有中間階段都是善戰勝惡的相對的勝利。在那個階梯上的攀升是一個人與邪惡持續的鬥爭，也就是，一個人與自己的自私自利的本性的鬥爭。

如果人類瞭解了這整個創造的過程的本質，他將認識到他的整個人生實際上就是一場與他自己內在的邪惡永不停止的戰鬥：逐漸將它內在的邪惡驅趕出去，並被創造者的良好品格所置換的過程。除非所有的邪惡已經被創造者的良善所替換，這場戰鬥將一直會持續下去。

此外，當善在驅逐邪惡時變得越主動活躍，邪惡也將隨之變得越強烈和殘暴。這是因為靈魂在那個梯子上攀登得越高，善與惡的力量也相應地變得越極端，而他們之間的戰鬥也變得越激烈。雖然善與惡之間的戰爭只是一種像詩一樣表達的隱喻，但正是在這些善惡力量的較量中，靈魂在這個過程中，在善惡之間達成它被創造的目的。

問： 一場「永恆的戰爭？」

萊特曼博士：當然，答案是肯定的。對善與惡之間這種持續的戰爭狀態的不理解和不願意面對，導致人們一直會抱有在這裡、在這個地球上和平隨時有可能實現的幻想。想當然地認為所有需要做的就是帶著良好的意願去嘗試和談判以解決各種衝突和矛盾。

縱觀整個人類的歷史，人類有哪一段歷史是沒有戰爭，不是在準備戰爭，或者是在戰爭後癒合傷口呢？這是事實，正如在任何一個地方有戰爭，就會有猶太人的身影是一個事實一樣。不論是隱藏著還是顯現的，他們都在那裡。他們可能是隱藏著的，因為有十個猶太部落的蹤跡在第一聖殿毀滅時就已經完全丟失，但是一旦我們瞭解了所有戰爭的緣由和其參與者，我們最有可能會在那裡，要不是隱藏著就會是明顯地——發現我們的同胞。這種狀況將一直延續到最後，也就是，直至最終邪惡得到改正並被良善所替換。

問：你正在描繪一個沒有希望的情形！

萊特曼博士：也正是這一過程最終會將我們引領到完美、永恆和真正的和平，而這也正是創造的終極目標。

問：我們將看不到這一過程的結束，不是嗎？

萊特曼博士：誰告訴你的？再看一看那條救贖的曲線。人類在不知不覺中已經無意識地向著創造的目標前進了數千年。但是從二十世紀末開始，這個靈魂將開始有意識地進行這個改正的提升過程，這與在《光輝之書》中所預言的，以及在所有其他那些最偉大的卡巴拉學家，如ARI, Vilna Gaon和巴拉蘇拉姆的著作中描寫到的情形完全相同。我們是有責任開始這個有意識地進行改正的過程的第一代人，但我們甚至還沒有讓我們自己熟悉它。我們甚至還沒有痛苦到想要去瞭解這件事。這就是為什麼會有那讓人窒息的男孩的死亡和女孩的哭泣的事件產生的原因，這就是為什麼在那個人行道上斑斑的血跡和像河流一樣的淚水在流淌的真正原因。

問：但是我們如何才能有意識地參與這一過程，如果一切都是被預先設定好的，而且那個發展的曲線已經是被事先繪製好了的呢？

萊特曼博士：參與這一過程的唯一方法是研究那個改正的程序，自覺自願地參與這一過程，並瞭解到那些使這個世界得以如是運行的規律是預先確定好的，而且是不以人的意志為轉移的，是不能被改變的。人類應該認識改正的速度和改正的程度僅僅依賴於我們自己，而這就是給人類在這一過程中僅有的自由的選擇之點。每一個改正都有一個應該得到改正的時間範圍。如果人類的改正滯後，那麼，自然本身將會以負面的災難性事件的方式從後面推動著人類向前走，藉此向人類表明他們的未被改正的狀態，促使人類必須開始進行相應的改正。

這意味著所有痛苦、悲劇和我們正在經歷的危機和災難都僅僅是我們未被改正的品格所產生的結果，都是我們未盡自己的努力即時改正利己主義的本性的結果。除非我們同時在同一時間就像在這裡準備物質世界的戰爭一樣，準備在精神世界中開始與那個邪惡進行內部的戰爭，恐怖襲擊和戰爭、爆炸和悲劇等還將會繼續下去。這是我們改正自己的本性，改正我們的自我，並且發現和克服我們內在的邪惡必須要進行的內在工作。

心理學家或精神醫生們不知道這種方法。這種發展和改正靈魂的方法是由猶太人的祖先亞伯拉罕發現的並做為我們（猶太人）註定的使命的一部分。我們應該在很久以前就已開始去學習並應用這個方法開始改正。

在上世紀三十年代，就在第二次世界大戰的前夕，二十世紀最偉大的卡巴拉學家巴拉蘇拉姆就大聲疾呼猶太人這樣做。但是他們不聽從他的意見。

我們一直在被強制著要求開始我們自己的改正，控制我們的宇宙變成天堂還是地獄。但與此同時，我們應該停止夢想戰爭會以人類一直以來認為可以結束的方式結束。

問：你好像剝奪了我們和平和安慰的所有希望，而所有其他宗教都

在祈求它！

萊特曼博士：我的目的是向人們展現那場善與惡之間的戰爭的真實畫面，和其背後隱藏著的崇高的創造的計畫和目的。我想呈現導致那些爆炸和戰爭發生的背後的那些算計和力量。我不是為了安慰某人而談這些，而是分享我們可以對抗那個真正的邪惡的知識。如果我們按照創造的計畫開始改正自己，那麼，我們就不會再感到善與惡之間的激烈矛盾，就像它們在這個世界會以災害和災難的形式顯現一樣。因此，一切都取決於我們在這個改正過程中的參與，以及我們在這個過程中參與的積極主動程度。

如果我們改正自己並且與那個事先設定好的人類進化發展的計畫，與感知精神世界的步伐同步前進的話，那麼，最終我們將會感到更寧靜、更快樂、更舒適。

這就是為什麼在我們的學習團隊中，教導靈魂的改正而不是以「心情舒暢」的方式朗讀《聖經》的詩篇。所有宗教都在談論這個世界的痛苦和在下一個世界將會得到的獎賞。但卡巴拉智慧也絕不是聲稱我們在這個世界遭受的所有悲劇只不過是進入伊甸園的門票的代價。

我們遭受的悲劇絕對不是那個代價，而是一個我們精神的品格沒能即時得到改正而導致的結果。除非我們改正我們現在的利己主義本性，這種悲劇還將繼續上演下去。

下面是一個簡單的比喻：如果我的車不能正常工作，除非修好它，否則我將會不斷遭受車輛拋錨帶來的痛苦。如果我耽誤了它的修理時間，問題將會變得更加嚴重，直至導致事故甚至車毀人亡的災難。

我也絕不是想要勾畫一個玫瑰色的美好未來的圖畫：我們正處於與那個邪惡的永恆的戰爭的中間，只有我們那個內在的邪惡得到即時改正，並且消除掉它對我們施加的影響，戰爭和恐怖襲擊才可能被制止。我們已進入了一個必須有意識地自覺地參與這一改正的階段，並且從現在起我們的本性將推著我們有意識地採取行動。我們越長時間滯後於創造的計畫，它將會更嚴厲地從後面以危機、戰爭、災難的形式，以痛苦的形式推動我們，因為那個神聖的力量和邪惡勢力之間的戰爭將一直繼續下去，直到痛苦讓我們無法忍受並沒有任何別的選擇的餘地，而不得不選擇改正，直至改正的結束。

問：創造者為何會設置一個允許對他的創造物造成這麼多痛苦的目標，如何才可以證明這樣一種創造過程，這樣的一個目標的合理性呢？

萊特曼博士：只有當你看到一幅完整的宏偉的創造過程和未來的圖片時。如果你沒有看到，你無法證明它，你也不能改變任何事情，並且你會發現自己哪一天又會站在另一個哭泣的女孩旁邊。只有當你瞭解了祂（創造者）的方式和創造你的目的時，你才能夠愉快地改變並主動地參與改變。只有到那時你才會證明祂（創造者）和祂的目標的合理性。

但在此之前，你會譴責祂，儘管對祂有著所有最美麗的讚美詞和詩歌。今天，任何一個明智的人，在他已經瞭解了有一種方法不僅可以跟蹤行星、彗星、原子和人類基因的軌跡，而且還可以掌握創造者的法則、方式和目標時，至少都會有興趣開始學習這一最重要的智慧。我知道人是懶惰的和好奇的，但如今這種懶惰已經導致了太多的悲劇。除非這一目標被達成，在這個世界中的每個人都要在物質和精神層面上做鬥爭。這一點根本不自相矛盾。

問： 但我們卻在學習那些不那麼重要的科學。那些我們的生活都不依賴的東西，更不用說我們永恆的生命，那麼為什麼會讓我們自己忽視這樣一個重要的領域，而不去直接處理與我們的未來真正相關的事情呢？

萊特曼博士：宇宙最初是由兩個相互矛盾的力量創造形成的。這就是為什麼這場邪惡被良善征服的戰爭是必要的。它是一場內在的戰爭，同時也是一個發生在這個地球上的外部戰爭。大衛王的整個一生，就是以色列國和其國家形態的生活原型，就是一個見證：他打了四十年戰爭，又用四十年來寫下了偉大的《詩篇》。大衛王是一個人應如何在這個世界中不斷同自己外部和內部的敵人作戰的典範。他清楚地顯示我們精神的提升是一場精神的戰爭，而在我們這個世界的戰爭只不過是那場精神戰爭滯後的反射。

我們現在必須認識到等待和平是毫無意義的，它不會自動到來。與此相反，各類危機和軍事衝突將會持續升級。但是我們可以將從這場戰爭、從這個物質世界轉移到精神的層面，並在那裡贏得這場戰爭。然後，我們將在我們這個世界見證人類渴望了幾千年的真正和平。

我們絕不能夠忘記這場在物質層面和精神兩個層面上的戰爭是不可避免的。它將繼續直到全人類整體改正的結束。在任何情況下，我們都不應該欺騙我們自己，相信協議、讓步、祈禱或其他物質的行為可以避免這場物質世界的戰爭，因為只有針對我們的精神靈魂的改正的工作才能拯救我們全人類。

這場物質世界的戰爭是不可能透過消滅有形的敵人來避免的，甚至連我們在我們的國家短短五十年歷史的過程中取得的這種壓倒性的勝利也沒有用。改正（邪惡的消滅、和善的聯合以及創造者的接近）只能在更高的精神世界中實現。戰爭的停止只不過是與創造者重新團結統一的自然結果，而這只有透過學習並應用卡巴拉智慧才能實現。

問：什麼是以色列「自然的邊界」呢？

萊特曼博士：在我們這個世界中，以色列領地的自然邊界是受從精神世界的以色列領土以降的精神力量影響的領域。這個星球的每一部分都受到來自那個更高世界的一個特定的更高力量的影響。正如經文所說：「改變環境，改變運氣。」那些生活在同一個地方的人有著類似的身體結構、面部特徵和性格特性，但如果他們遷移到另一個地理位置足夠長的時間的話，其內部和外部的特徵也會跟著環境而改變。

在精神世界中有七十種力量或能量降落到了我們這個世界並產生出七十個國家（民族）。每個民族都佔據著它自己的領土。今天，在我們這個世界中的一切都被混合在一起，但是這七十種力量仍然從那個更高世界下降到我們這個世界，而且，他們每個力量對每個民族的原始領土的作用仍處於活動狀態。當一個人看見那些從更高世界降落下來的力量時，一個人就可以明確地指出以色列精確的邊界。

但這不是問題的主要部分。重點在於創造的改正。除非它得到了改正，否則，精神的戰爭和物質的戰爭都不會停止。所以，我們保留軍隊的實力和強烈反擊任何試圖傷害我們的企圖是我們的責任。

當一個人認識到只有一種去戰鬥的方式，只有一種贏得總的勝利的方法，而且與邪惡沒有協定可言（根據創造的思想），那麼我們必須在精神上攻擊邪惡就是可以理解的了，它應該先於內心和外表上的戰爭。我們必須透過征服它來改正內在的邪惡，消滅它並且在它之上建立良善。在外部也應該應用這種相同的原則。

認為透過協定和退讓措施將會阻止戰爭和恐怖主義，在以色列或在世界範圍內發生的想法是錯誤的。它與創造的計畫相違背。它只會使問題更加複雜化，因為它加強了邪惡。

我們應該以大衛王為典範，在這個世界和精神世界都要像他那樣打擊邪惡。因為我們的時代已經表明我們正處在改正的結束和彌賽亞即將到來的時刻，遠比大衛王時代的條件要好。因此，就像在《光輝之書》中所描寫的，只有透過對《光輝之書》的研究才有可能影響那些更高的力量、戰勝邪惡並且將整個世界從未來的大災難中解救出來。

問：我知道很多人已經而且正在研究卡巴拉智慧和《光輝之書》，但似乎沒有看到可見的結果。

萊特曼博士：其結果是徹底改正的自然結果。它不能透過個人的努力獲得。回憶一下那些先知以及他們帶給以色列民族的資訊。我們需要開始學習卡巴拉智慧就像一個人要去上學一樣。這完全不意味著每個人都應成為一個卡巴拉學家並且學習該教義最深的奧祕。最重要的是要使人們瞭解進化發展的基本規律和在卡巴拉智慧中描述的那個對靈魂的改正。我們所處的這個時代要求它。

除了研究之外，我們應該從根本上改變對戰爭的態度，並且將它們視同改正。我們不應該嘗試逃避它，而應成熟地面對它，因為這是為了我們的靈魂的改正。我們必須瞭解在精神世界的戰場上發生著一場永恆的戰爭，並且只有當我們在那裡終止那場戰爭時，我們才會在我們的這個物質世界上終止所有的戰爭和苦難。

問：我們在不是很久以前，結束了一次精神流放，返回到了這片神聖的土地。現在有很多人再次離開，開始一次新的流放，因為害怕在我們國家發生的這場永久的戰爭。

萊特曼博士：是的。很多人想要離開以色列，而且許多人會離開。透過這樣做，他們會在自己的精神帳戶中添加更多欠債。他們也許不會聽到他們的家園附近的爆炸聲，但在幾年的時間之內，他們將成為更大災難的受害者。

一切都是預先設定好的，沒有人能逃脫他的命運。也沒有人能逃脫創造者賦予他的使命——就像先知約拿的故事所表達的那樣（見《聖經》約拿篇）。對每個靈魂的命運做出的決定已經在更高的精神世界根據其靈魂輪迴、其命運和其預先設定的有限狀態做出。除非你已經瞭解了這些，否則，我的話你會聽起來很空洞。

卡巴拉智慧可使人們應付這個世界裡的戰爭，並且在精神層面控制它、消滅它，充分意識到那個特定的勝利。

精神之光透過一個在我們的這個世界存在時的有意識的，艱苦的鬥爭、起伏和失敗等等逐步降落下來，但不會一次就降落下來。那場總體的戰爭與我們每個人內心中的戰爭是同一回事。透過對卡巴拉智慧的研究，我們將實現對整個創造的過程的控制，並引領一場將要為創造者建立一個至聖所的戰爭。我們不應對未來和平的希望提出過高的期望。這些力量之間的衝突是必要的，而且是我們這些以色列人決定著這一過程以及那些將要降臨在我們身上的事件。

在以色列建國以來已經經歷過很多的戰爭。但是還有我們不知道的戰爭。如果一個人事先知道這場戰爭的必要性，並且瞭解它的最高的宗旨及其道德的基礎的話，那麼敵人將會被有效和絲毫不用流血地被擊敗，以致於這場戰爭在不經意間已經在內心中結束。而不會演化成物質世界可怕的血腥的戰爭。

創造者告訴我們：「上帝會為你爭戰，而你們只管靜默，不要做聲。」（《出埃及記》14.14）那是因為這是創造者的戰爭！當人們能夠看到它在更高的世界上發生時，他就幾乎不會在這個世界感受到這場戰爭。

問：但是我們確實感覺得到那些戰爭帶來的可怕的痛苦。如果，就像你說的，人類可以將這場對邪惡的戰爭轉移到精神層面並由此減輕肉體的痛苦，那麼為什麼它還沒有發生，它為什麼要向我們隱藏呢？

萊特曼博士：我們生活在這種黑暗和隱藏狀態，我們對未來的一無所知，和我們想知道它的那種無能為力，是我們所處的精神狀態的反映。

只有我們在學習卡巴拉智慧——《光輝之書》這本偉大的著作時，我們才可以改變它。即使我們不急於與創造者建立起聯繫並達成精神世界，各種各樣的事件還會將我們以痛苦的方式推向創造者，以便迫使我們和他建立這個聯繫。

整個的宇宙都被設計成我們應該連同創造者一起發動反對「法老」，反對邪惡的戰爭這樣一種運行方式。我們內在的戰爭應該以一種這樣的感覺方式開展，不是我們在操縱這一切，而是創造者在導演著這一切。一個人只有透過卡巴拉智慧提供的方法才能獲得這樣的感覺，才能認知宇宙的這個導演，並瞭解這個最偉大的導演想讓你在宇宙創造這齣大戲中所扮演的角色是什麼。

問：你曾經說過在精神上不應該有強迫，並且一個人不能被強迫去學習卡巴拉智慧，被強迫著去對精神世界的結構和那個最高的管理結構感興趣。

萊特曼博士：沒錯。強迫任何人研究卡巴拉智慧是不可能的。只有當他感到不幸福時，一個人才能有興趣開始這種研究。只有需要才能驅使人類向前進化發展。我認為在一年或兩年，人們會開始感覺到他們應朝哪個方向前進。在任何情況下，時間都在我們這一邊，都在學習卡巴拉智慧這一邊。

如果人類中有10%會覺得有必要研究卡巴拉智慧並且在每週時間內傳播幾個小時，那麼50～70%的人就會瞭解這個工作的重要性，並且知道如何去獲得那個「更高的控制」的方法的重要性的話，這將改變那些精神力量之間的平衡，並且將引領那個被稱作彌賽亞的力量的到來。

人類一代又一代過去了，也就是，靈魂透過一次一次的再生輪迴到這個世界，化身到物質的身體上並對它發動戰爭。我們對這場戰爭沒有意識；它發生在我們內在的無意識的層面上。而我們認為我們只是在為了生存而掙扎，在逃避痛苦和追逐快樂。

但這是我們內在的戰爭。外部的戰爭只是人類的本性以及它想控制他人的願望所造成的結果，因此，在人民之間、在政黨之間和在各種各樣的競爭中的爭鬥導致了國家之間的戰爭。

當靈魂在一種無意識的抗爭狀態下經歷一定數量的再生後，當然人們並不知道其原因以及他的各種努力的目標，由於靈魂再生的過程是隱藏著的，靈魂逐漸從無意識層面提升到開始改正的下一個程度，也就是提升到了一種有意識的進化發展的階段。為了能夠自覺、迅速、順利地改正我們自己，卡巴拉學家開發了一種稱為卡巴拉智慧的特殊方法。它是有關人類靈魂的科學。它必須而且只能在靈魂進化演化的最後階段，即有意識的階段開始被學習研究和應用。

前面幾個世紀的卡巴拉學家們都寫道，這個時間將從以色列第 4 次也是最後一次精神流放返回的時間開始。更精確地說，十六世紀的 Vilna Gaon 曾經說道，到 1990 年代，這個新的時代將開始。二十世紀最偉大的卡巴拉學家耶胡達 · 阿斯拉格（巴拉蘇拉姆）在二十世紀初就指出，1995 年將是這個有意識改正的開始。

不論什麼情況，這一進程已經開始。而且，我們看到這個猶太智慧是如何教我們關於個人靈魂的改正，這個到目前為止一直向我們隱藏著的神祕的偉大智慧，現在對很多人，特別是我們這一代人變得越來越重要。

巴拉蘇拉姆寫道，卡巴拉智慧的研究改變了在精神世界中的力量之間的平衡，並且導致在這個世界的積極變化。那些力量之間的交互作用不會結束這場戰爭。這場戰爭是不可避免的，並且將持續到改正的最後階段，但是它不必一定是一場造成數以百萬計傷亡的戰爭。一場戰爭是兩種力量之間的碰撞，它一定會持續直到改正的結束，而且我們已處於那個改正的最後階段。

問：如果戰爭是一種在精神世界以及在我們這個物質世界的永久和不可避免的狀態，我們如何影響這種狀態呢？

萊特曼博士：如果我們研究卡巴拉智慧，我們可以有效地改變善與惡之間力量的平衡，並且改變那些世界的操控力量，使得這場戰爭在不知不覺中就可經歷並結束。

卡巴拉智慧透過對整個創造的結構的分析，解釋了猶太人與阿拉伯人之間的衝突。靈魂的外在部分被稱為異邦人，並且和這個世界的異邦人（其他民族）相對應，靈魂的內在部分被稱為以色列，並且和這個世界上的以色列（猶太人、希伯來人）相對應，希伯來來源於 Ivry，意思是跨過，指的是那些已越過這個世界的邊界並進入那個精神世界的人。

在人的靈魂中，那些在外部的、自私自利的物質的肉體部分稱為異邦人（Gentile），和內在的這個被稱為以色列人的部分之間總是存在著鬥爭。那些一直在和猶太人作戰的阿拉伯人，其實在我們自己的內部。他們是我自己的屬性，我自己的天性，它是我在內心中必須要戰勝的，並且同時，在肉體層面也要戰勝的。只有當我們在內在打敗那些外邦人時，也就是只有當我們徹底地改正我們自己的利己主義本性時，我們才能在完全的意義上成為以色列（猶太）人。

但這還不是我們當前所處的狀態；是一種我們未來的狀態。如果我們今天已經改正了，我們將不會再和巴勒斯坦人打仗。夏隆姆（shalom，希伯來語中的和平一詞）來自希伯來語單詞 Shlemut（整體性、完整性）。也就是說，只有當良善完全統治邪惡並且邪惡服從良善時，真正的和平才可能實現，它指的是全人類團結統一為一體的狀態。

在我們目前這種敗壞的狀態中，我們無法想像出為了變得和創造者相一致、變得和他的品格相同，也就是使得我們目前擁有的這種利己主義的邪惡力量服務於那個愛和給予的良善力量這樣一種方式的可能性。

但這一切都取決於我們使用它的方式，也就是使用它的目的。使人更驚奇的是，那些遭受個人悲劇的人竟然不希望聽到那個最高力量或創造者，**雖然痛苦正是從創造者那裡來的。但是，真正的事實卻正是麻煩和痛苦引導我們進入精神世界。想逃脫這種奇怪的矛盾是不可能的。**

問題：在 2001 年 6 月 1 日的事件後，我遇到一些陌生人。他們是在那場恐怖襲擊時被打死的兩個姐妹住的那一棟房子裡的一群年輕人。當時，我們正在做電視實況採訪。我意外地問了在當時似乎是不恰當的一個問題:「你相信上帝嗎？」我在等待著一個挑戰性的令人尷尬的答覆，但坐在那裡的八個年輕人立即做出了積極的反應。其中一個耳朵戴著耳環的年輕人回答說：「你如果親身經歷了那件事，你能繼續不相信上帝的存在嗎？」

萊特曼博士：當一個成熟的大人想得出某些結論時，他會使用前幾代人的經驗。然而，一個簡單的人，則會閉上他的眼睛，除了感知到個人瞬間的痛苦之外，不會聽到任何其他的悲劇。因此，**不是痛苦的數量，而是一個人內在的成熟度使他得出那個觀察的結論**。

這樣的人可以在任何年齡開始探究生命的意義以及痛苦的原因這些問題。他可能在十歲的年齡就會感覺到這些問題，雖然在他短暫的一生中他還沒有經歷過任何痛苦，並且在一個普通的家庭中長大。這種事是在這個世界中它先前的靈魂再生的結果。

我們在那個改正的道路上前進得很慢，因為我們沒有將那些即將降臨到我們的打擊考慮進來，我們只是站在那裡被動地承受打擊。只要遭受的痛苦程度沒有達到某一臨界值，我們還會繼續容忍它。但是當打擊將帶來無法忍受的痛苦，它們則將迫使我們想擺脫它們。只有那時，我們的自我才會啟動它的頭腦並變得更聰明一點。有一種錯覺，認為痛苦的路徑本身是通向精神世界的正常路徑。但這是不對的。痛苦在累積到需要瞭解它的原因出現的程度之前需要一定的時間。戰爭是不可避免的並且將繼續直到那個改正的結束。如果我們研究卡巴拉智慧，我們將會降低其強度、減少痛苦，並且也許甚至一起將它移入到精神的狀態中結束戰爭和痛苦。

目前，絕大多數人除了外部戰爭之外還不會理解還有一場每個人都要經歷的內部的戰爭的存在。正因為如此，痛苦只會繼續增加。這一過程已進行了幾千年，因為對痛苦的原因和痛苦的目的的認知應該達到我們自私自利的本性的最深層部分。在此期間，我們還會繼續將我們一直處於快樂和痛苦兩種狀態的身體視為我們主要的資產，因為我們還感知不到我們的靈魂的存在。我們認為我們就是那個身體，身體就是我們，我們也就意味著是我們的頭腦（思想），並且那就是我們用以認同我們自己的。

問：但是我們不就是由身體和頭腦組成的人嗎？！一切都向我們隱藏著。除此我們還能如何行為呢？

萊特曼博士：這在今天已經成為可能。我們要想瞭解我們現在的肉體生命相對於精神世界的永恆和崇高而言只不過是一個稍縱即逝的片刻，已經具有足夠堅實的基礎。但我們和我們的身體是如此地緊密聯繫著，以致於我們目前還無法感知我們的靈魂的存在，而只能想到身體的需要。

卡巴拉智慧的方法是為了將人類提升到超越這個物質世界之上而通過我們的，並且在人類進行他的靈魂的改正工作過程中，在滿足靈魂並且和創造者的連接的實踐中提供幫助。根據創造者的這項計畫，各種各樣的情況將迫使我們需要瞭解在身體之外還存在著某種東西：也就是靈魂，而且這才是那個最重要的部分，也是真正的存在。

在我們每一個人中，都有一些我們還不知道，還沒有感覺到的東西，他就是我們靈魂的種子，至今還都處於「睡眠」狀態。它是某種巨大但卻空虛的東西。這種空虛和永恆是人們現在應該去探求發現的東西。他應該透過卡巴拉智慧來滿足它們。對靈魂的探尋已進行了數千年，而且今天我們已經開始那個啟示的最後一幕。

4 關於愛和婚姻

科學家兼卡巴拉學家萊特曼博士與卡巴拉智慧學院的老師麥可·薩尼萊維奇（Michael Sanilevich）、雅夫甘尼·利特瓦（Yevgeniy Litvar）之間的談話

2007 年 7 月 12 日

內容目錄：

利特瓦：親愛的朋友們，大家好！今天我們邀請到了全球最知名的卡巴拉學家兼科學家**萊特曼博士**。今天，我們開始一個新的話題：「愛、家庭、母親和孩子。」現在我把麥克風交給我的朋友——國際卡巴拉智慧學院的老師薩尼萊維奇。

愛是什麼？

薩尼萊維奇：今天，我們的第一個問題是：「愛是什麼？」

萊特曼博士：愛是這個宇宙的主要品格。我得說愛是唯一能夠移動、控制和連接宇宙間所有組成部分的正面的積極的品格。它將所有創造物的基本元素團結統一在一起，包括無生命物質、植物、動物，最後是人類的內心世界。我們把這種聯合成為一體給予其以生命的品格叫做「愛」，或者稱為完全的相互給予行為。自然界中的所有物種都服從於宇宙間的這一愛的普遍法則。唯一例外的是我們人類，我們人類層面被賦予了按照我們自己的意志自行處理問題的能力，想做什麼就做什麼，而且無視這個愛的普遍法則。

假如我們向生物學家問及這個問題，他們將會告訴我們：任何有機體的功能法則、它存在和發展的法則，是建立在它的各個組成部分為維護其賴以生存的整體性相互作用的基礎上的。按照這個法則，每個細胞都關愛著整個身體的重要功能和健康，保持著它的生命力。換句話說，細胞自動向整個身體提供它所需要的任何東西，它甚至會服從命令而自我毀滅，因為它的職責已經完成，能量已經耗盡。它的程式關閉，使命結束，細胞自己毀滅自己。一個系統、一個有機體，或者一個器官生存的普遍法則控制著它的所有組成元素。

如果我們拿這個普遍的、基本的自然的一體性法則，也就是統一的法則，自我平衡的法則來說，那麼我們將會發現自然的運作只是建立在為了實現某一特定目標而做出的自我保護、自我生存和自我發展的基礎之上的，並且它不關注個體的部分的存在和發展的可能性。這種基本元素之間為了整體一體性的相互作用以及相互聯繫的基本法則決定了自然界所有層面的物種的存在。

然而，當我們意識到這一點之後，再回過頭來看看人類，我們會發現人類與這個法則是完全對立的。我不是指人類在他做為動物的生命體的層面上的存在，我們的身體在這個層面上是自然地屈從於自然法則的，我的意思是說在人類相互交流的層面、感知的層面、思想的層面，也就是那個「我」存在的地方——就是那個我們是徹頭徹尾的利己主義者的地方。我們不想把這個世界做為整體考慮，也不想將各個部分的相互作用考慮進來。今天，我們揭示出這個世界是一個小小的地球村，我們人類在這個地球村裡完全相互依賴。做為自然的一部分，我們的慾望、我們的思想以及行為，正在給這個自然整體在其所有的層面上帶來巨大的損害。最終，這個損害做為自然的一種負面影響回饋到我們自己身上——這正是我們今天已經開始感受到的情況。

絕對的愛（普遍的相互依賴，本能的、自然的、潛意識的關心、關懷）的法則還沒有在人類層面上被人類意識到。如果我們依照這個法則對待一切人和事，也就是說，如果我們認識到我們都是平等的、相互聯繫的，如同只有一顆心、一個靈魂並有著相同想法的一個人，那麼，我們參與自然界的方式將是正確的和完整的。然後，我們將會與自然中的其他部分相互融合，而那時，我們對待自然的態度就叫做愛。

瞭解了這個法則會使我們明白：今天人們之間存在的愛與恨是絕對的利己主義的行為，是每個人（在性別、家庭以及在一個社會中）利用他人來獲得自己轉瞬即逝的滿足的慾望。之所以說是「轉瞬即逝」的是因為人們最終並沒有從中獲得任何利益。所有這一切都是基於一種人類自己都沒有意識到的簡單的利己主義的算計。在沒有認識到人類的行為是有害的情況下，人類只會在不斷加劇這場危機。

今天，人類正處在其利己主義發展的最終階段，我們看到人們之間的相互關係在全面瓦解。過去我們靠某種紐帶、協議和習俗保持著聯繫，而如今，在我們這個時代，利己主義的貪婪和不顧廉恥完全在我們面前暴露無疑。而在卡巴拉智慧看來，這是好的現象，因為我們只有在看清了我們人類的真正面目之時，我們才能更清楚地認識到產生危機的根源問題是什麼，才能繼而找出解決問題的根本辦法，而不是人類至今為止，在結果層面原地打轉，迷失方向，問題始終得不到真正的解決。卡巴拉智慧就是向我們人類揭示那個實現愛的方法。

愛的條件

薩尼萊維奇：你說到完全的相互作用——愛——存在於動物層面上。但是，當一隻狼吃掉一隻兔子的時候，這也是愛的表現嗎？

萊特曼博士：不是。這是自然的法則——生命持續更新的法則的一種表現，當生命的下一代在上一代，過去的一代的死亡的基礎上出生的時候。這個過程類似於我們人體內細胞的新陳代謝。

同樣，生命循環週期中也會出現這樣的事情，除非我們在先前的生命消失了，否則我們將不會在下一個生命中出生，也將不能引領我們向目前我們還未知的領域發展。對我們來說，這種發展似乎沒有任何好處，但是，它卻引導我們走向光明的未來。

因此，一隻狼吃掉一隻兔子或是一頭小牛只是在履行著自然的法則，牠們之間沒有恨，也沒有愛。自然法則就是這樣實現並維持物種之間正確的相互作用的，這裡完全沒有那個：「自我」的參與。自然界中的植物和動物層面的存在沒有「自我」。植物和動物身體以及其身體的細胞的存在是建立在它們相互間的、正確的、相互聯繫上的這一點非常地顯而易見。

然而，人類應該把他們的慾望、他們對自然法則的知識和他們的意圖納入到正確的相互聯繫當中來。如果我們人類能夠理解到這一點，改正我們自己，願意主動參與這個整體性的發展和相互作用當中，那麼我們就能開始理解自然，就能揭示出自然中那些我們今天還無法感知到的部分和真空地帶——新的維度、新的世界。在那兒，我們將會以一種完全不同的方式存在，在生之前、在死之後，都存在於做為自然的一部分的永恆狀態中。

卡巴拉智慧被稱為神祕的科學，因為它揭示了這個宇宙隱藏著的這些未知領域，這些我們雖然身處其中，但因為與其相對立而至今仍未能感知到的領域。我們的利己主義不允許我們感知到這些在不同維度裡伴隨著我們，但卻真實存在的現實。所有這一切都只依賴於人類把那種普遍的恨（他的利己主義）向愛（利他主義）的轉變——這正是我們的問題所在。只有這樣，地球上的生命之間的關係、我們在家庭之間的關係、人與人之間的關係才會變得簡單而和諧。

在卡巴拉智慧中說到：「除了丈夫與妻子，還有上帝存在於他們之間。」——也就是那個最高的光，那個神聖的光照耀在他們中間。世界上再沒有像丈夫與妻子這樣兩個象徵著完全對立不可能存在任何聯繫的個體了，除非那個控制著整個宇宙的創造者和愛在他們之間被揭示出來。

但是，這時最終我們應該看到這個法則在一個更高的層面上是如何運作的，以及控制信號是如何從這個更高的層面上降臨到我們的，以及我們應該如何以此為基礎建立我們之間的關係，這是我們必須學會的東西。

愛是一種非常複雜的品格，是我們應該被教會的品格。卡巴拉智慧專門針對這個問題。最重要的原則就是「愛鄰如己」，因為透過獲得這個品格，我們才能實現全世界全人類的團結、完整、統一。

利特瓦：你從科學的觀點給我們描繪了一幅真正的愛的圖畫。但是，那些感到內心痛苦、想法簡單的人們會面臨這樣的問題：他們把感知到的這個痛苦當作了愛。怎麼向他們解釋這種痛苦的感覺不是愛呢？

萊特曼博士：愛是需要學習的。我們人類在其目前的存在狀態下，我們用一種完全與自然界真實存在的東西相對立的品格來代替了愛和愛的缺失，卡巴拉智慧對這些都有解釋。

我們現在是在把那個能給我們自己帶來快樂的感覺的東西叫做「愛」。例如，我愛咖啡，因此我才喝它。當我喝咖啡的時候我會感到高興，這就意味著我愛它。換句話說，我愛存在於咖啡中的這個快樂，但這不是我們正在探討的愛。你將愛這個詞用在對待一個事物的一種完全不同的感覺和態度上了。

那麼，「我愛這個女人」這句話是什麼意思呢？我喜歡我自己使用她時給我帶來的快樂的感覺，可能是性愛帶來的生理上的快樂，也可以是我「愛」的女人的漂亮臉蛋帶給我們男人之間的攀比和虛榮心的滿足等等。我有某種需求、空虛、慾望、虛榮、性饑渴等等，而她正好能彌補這些，使我感到愉悅。這就是我為什麼會愛她的原因。那麼，我是真愛她呢？還是我愛從她那兒能夠得到的滿足我自己的那種愉快的感覺呢？

所以，我其實是愛我自己，我愛她，是把她做為一個給我帶來快樂的源泉，就像我愛魚或肉一樣。事實證明在這裡根本不存在真愛，我們不應該把這叫做「愛」。

真正的愛不是從某人那兒得到愉悅，而是給予。「愛你的鄰居」這句話意味著滿足另外一個人的渴望，是你對他的態度的一種外在的表現，這才叫做「愛」。

當你想要滿足另外一個人的需要的時候，你開始能感到你愛的人需要什麼，在滿足他或她的需要的過程中，你向他或她表露出的態度，這才叫做「愛」。如果你只是想接受別人帶給你的快樂，那麼這叫做「對快樂的利己主義的接受」，這不叫做愛。

當然在接受時也有一種表達愛的方式。當你真正感受到另外一個人的愛，並且瞭解到如果你接受了他的愛，實際上才能使他感到快樂時，那麼你可以用這種為了給予對方快樂的方式來接受他給你的愛的方式來回饋和表達你的愛。

這就像一個小孩子一樣，他知道他媽媽想讓他吃些粥，於是他就吃了。那麼，他這麼做就給他的媽媽帶來了快樂；如果他不享用這頓飯的話，那麼他就不能給他的媽媽帶來快樂。他應該享受他媽媽給予的愛，而他媽媽也會因為他接受了這種愛而感到高興。

這是一種非常複雜的相互作用關係。我們甚至可以從一些簡單的例子中瞭解到這一點，更不用說像在丈夫與妻子、男人和女人這種嚴肅的關係系統了。這種在人類社會中的兩性之間，或在團體以及黨派之間的相互作用本身就是一門科學。這應該從孩提時期就教育大家。如果不這麼做，那麼人就不可能真的成長，也就不能理解如何生存、如何恰當組織社會這個最重要的事情了。

關於這個話題，已形成了很多的理論。這些理論相互否認，遵循任何一個理論都會導致我們失敗。

利特瓦：有的女人說她與一個她根本不愛的男人結婚不是因為愛他，而僅僅是因為這個男人愛她。那麼，她與這個男人結婚是想使他高興嗎？這種愛是你一直在說的那種愛嗎？

萊特曼博士：不是。「他愛她」是什麼意思？在一個人把他對另一個人的恨轉變成愛之前，這個人是不會瞭解並進入另一個人的內心世界、感受別人的感受和願望的真正涵義的，他不能理解當他為了滿足另外一個人的願望而把別人的願望當作自己的願望去實現是什麼意思。只有當他把自己當作滿足他所愛的人的工具的時候，這才叫做「愛」。

你提到的那些人有沒有這樣的關係呢？我不知道。但是，無論如何，當我們從這個接受的層面提升到那個給予的層面的時候，我們（在家庭中、在孩子與父母之間、在社會當中的人與人之間）的關係將會徹底改變。「愛」這個詞有個非常通俗的名稱，我們還稱這個品格為「給予」。擁有這個品格的人將會開始感到和諧，與自然的完全融合，並且達成永恆和完美的感覺。

當一個人超脫了他或她的利己主義的小世界的束縛時，這種品格就能在他或她的內心中形成。而當他或她希望把自己侷限於這個小世界的時候，我們看到的結果將會是：幻想的破滅、吸毒、離異等等的發生。我們不可能依靠我們自己實現這些偉大而崇高的狀態，我們只有像自然給我們展示的那樣透過獲得自然的愛和給予的品格並因而與自然統一時，我們才能達到這種狀態。

薩尼萊維奇：一個人能檢驗他是愛還是不愛嗎？

萊特曼博士：在我們這個世界裡，我們僅僅開始發現我們是絕對的利己主義者，我們不是在愛，而只會嘗試著在大家間相互贊同，因為直到我們的利己主義由內向外爆發打破這些關係的束縛，打破這些脆弱的協議之前，我們都沒有別的辦法。我們忘記、爭吵而後才能和解。連接我們的共同的紐帶是孩子，我們以伴侶的身分存在，共用著同一間公寓，但這不是愛。

在卡巴拉智慧看來，愛有著一個非常廣泛的科學的定義。簡要和大致地說，當一個人能感受到他人的內心世界，感受到他人的渴望和需求，且能滿足對方的這些需求時，這就是愛的時候。當一個人在使他人滿意時他自己在那一刻的感覺就叫做「愛」。在那同一個時間，他自身也感到非常開心。

我們回到夫妻關係這個方程式中來：「除了丈夫與妻子，還有創造者在他們中間。」創造者就是自然的那個普遍的給予的力量，是愛的普遍力量。如果丈夫和妻子開始培育這種絕對的給予的關係，那麼這個真愛就誕生了，在他們中間的這種三重聯繫就形成了。沒有這種給予的品格的存在，這種人類最基本的單元的存在都不可能長期維持下去，這就是為什麼離婚和家庭破裂在全世界氾濫的根本原因。

因此，一個人只有透過努力超越自己的利己主義本性提升到這種相互給予的層面（創造者的層面）上來時，他和她才能成為真正的夫妻。這是人類必須要經歷的一種非常困難的改正過程。卡巴拉智慧就是教我們如何去實現這個。

它是非常困難的，但是在一個社會中存在的精神的空虛感，在父母與孩子之間破裂的家庭關係、將會引導人們到達這樣一種狀態，到那時人們將會開始不遺餘力地去獲得這個品格。人們將會下意識地、本能地開始理解這個觀念的存在，目標雖然遙遠，但是必須實現。在他們降落的最深處，他們將開始感覺到一種提升的可能性，而且他們一定會這麼做。因此，我對此非常樂觀，愛終究會到來的。

利特瓦：一位來自索契的女孩提出這樣一個問題：現在已沒有一個男人會為了他心愛的人而願意從橋上跳下去。那麼，為什麼人們還是會被浪漫的愛情所吸引呢？

萊特曼博士：這曾經是可能的，因為男人們認為他們應該得到那些不是很明智的女性的利己主義者的好感，而且他們並不清楚這會帶來什麼樣的後果。這就是由某個人的「自我」的微不足道的感覺造成的，由某個人內心世界的不成熟的發展造成的。為什麼他應該在別人眼裡看起來偉大呢？他不應該這樣。

一個男人應該在意他是否與某種特殊的標準——永恆和完美——相一致，而不是在別人眼裡看起來是如何的好，也不是如何順從某人暫時的自私自利的慾望。一個人為這個浪費自己，浪費自己的生命是可恥的。因此，一個男人為引起某個金髮碧眼的女郎看他一眼而從橋上跳下去，這完全是毫無意義的。這只是一種交換：從橋上跳下去是為了獲得某種愉悅，這跟愛有什麼關係呢？不要拿這種殘酷的極端的利己主義關係與人們當中存在的那種愛和給予相混淆，愛是能夠感知到別人的內心世界並希望滿足對方的願望時帶來的感覺。

關於嫉妒

利特瓦：有人提出這樣一些問題：在卡巴拉智慧看來，什麼是嫉妒呢？這種情緒有沒有精神方面的解釋呢？

萊特曼博士：在我們這個（只有單純的動物間的關係而沒有愛）世界裡，嫉妒是當一個人感知到其他人的財產時產生的那種情感：「這些財產要是屬於我該有多好啊！」不過，如果這個財產長著腿且能自我控制它自己的話，那麼事情會變得更糟。過去，人們可以利用貞操帶來束縛一個女孩子，而在我們現代這個女性解放的時代，這是不可能的事。因此，嫉妒已經是僅僅剩下來的東西。女人們傷了男人們的心，但男人們卻感覺不到受傷：如果這個女人不合我意，我還可以找其他女人，並且這樣生活變得更簡單。因為家庭是基於這種基本關係而建立的，所以家庭關係就是這樣被毀掉的。就是因為人類還沒有提升到高於目前所處的動物的層面上。

利特瓦：那麼你怎麼看待這種只存在於我們人類層面的這種感覺和感情？如何看待痛苦和快樂的感覺？以及這些被我們稱之為愛的感覺呢？

萊特曼博士：生物學家、遺傳學家和植物學家能對此給出合理的解釋。

利特瓦：關於雌性和雄性？

萊特曼博士：是的。植物、昆蟲和人——都受這種荷爾蒙的影響和控制，這些都是內在的生理過程，我們不應該把它們當作愛。

問題在於，人類還沒充分地進化發展到意識到他的內心世界是一個感受快樂的世界的階段，他欣賞一幅美麗的圖畫、聆聽一首動聽的曲子、讚嘆一位優雅的女子、喜愛一個可愛的孩子、享受一碗香濃的湯一樣——都是同樣的。如果他因自己被生下來並被養大成人而感到快樂的話，那麼這些快樂被稱為利己主義的享樂。

愛的基礎是給予，是超越自我，而現在在我們內部發生的這些過程是純粹動物性的。因為某些原因，我們把這些感情叫做不真實的感情，而且會需要他人給予同樣的回報。這是哪一種愛呢？你就像被注射了激素一樣，你會以完全不同的方式對待你喜愛的對象，這純粹是一種化學反應。

利特瓦：有衡量愛的單位嗎？

萊特曼博士：愛的測量工具就是一種測量自我犧牲精神和為了滿足所愛的人（或物）而給予的工具。愛是基於共同反對利己主義而做出的讓步，當兩個人意識到他們的動物本能而開始相互幫助達到共同昇華至自我之上時，愛就出現了。這樣一對精神的伴侶培育了一種超越我們的動物的慾望、吸引或排斥、習慣，以及對待這個世界的態度，並且在這個基礎之上創造出一種合一的關係。這種聯合合一的關係是建立在為了創造共同點而做出的互相讓步之上的，這樣我們才能實際上被團結融合起來。

我們做出的共同讓步創造出的融合體，被稱為做為單一整體的男性和女性的部分，而進行的相互聯合。我們需要這種聯合——透過身體的融合來達到靈魂的融合。這種融合是有可能實現的，但是要有一對心靈相通的精神夫妻，他們能理解如何運作才能創造出這種聯合。這種聯合是基於相互的讓步，基於每一個人能活在對方的世界裡並滿足對方需要時，而得到的一種互惠的、利他的吸引。

今天開始出現的這場危機將迫使我們在男人和女人之間，以及最終在我們整個人類之間實現這種關係。我們正在向這個方向邁進。這不是一個童話，危機帶來的痛苦使得我們必須這麼做。

愛就意味著給予

薩尼萊維奇：《聖經》的主要法則是「愛鄰如己」。「就像愛你自己一樣愛你的鄰居」是什麼意思呢？要想愛別人的話，我必須得先愛我自己嗎？

萊特曼博士：你應該會發現你有多愛你自己。你愛自己有多少，就拿同樣的態度來愛你的鄰居，這叫做「讓步」。因為透過忽視你自己，你將會開始取悅、滿足、填充他人的需要。你內心產生的這種要滿足他人的渴望就叫做愛別人。社會中的這種類型的關係，這種相互滿足對方的渴望將會引領人們進入永恆的、幸福的生命層面，創造出一種人間天堂。

薩尼萊維奇：但是人必須得愛他自己嗎？

萊特曼博士：人必須得愛他自己，為了能完全與大家相融合，為了能滿足所有的人；而後他才能與創造者——也就是自然的最高主宰者變得一樣。

利特瓦：這豈不是「就像愛你自己一樣」演變成「愛你自己」了嗎？

萊特曼博士：不會。因為在現實生活中，我們不是存活在我們自己當中，而是存活在他人當中。

利特瓦：那麼，這樣一來，我越是愛別人，我得到的快樂也就會越多嗎？

萊特曼博士：沒錯。當超越自我的時候，我開始揭示我的真正的「自我」，不是那個狹小的、醜陋的、自私自利的人，而是我的真正超越了我自己而存在的「自我」。我把我自己看作是整個自然，整個宇宙的一個投影。如果我以這樣的態度對待所有的事物，那麼這就是「自我」。

利特瓦：也就是說，我將會開始感覺到所有超越我而存在的那些感知，感知到在其他人、在動物、植物以及在自然中的存在？

萊特曼博士：這就是「自我」。才是真正屬於我的。換句話說，當一個人開始建立一種超越它自己的態度來對待整個世界時，他意識到之所以他會被造成一個利己主義者，就是為了超越他自己，為了將他自己給予他人並從中找到他自己。

透過這種正確地、真誠地認識真正的自我，人將會感到他就像自然界的所有存在一樣，他的存在也是永恆的、完美的。這是自然的一個普遍的、全面的法則，無論如何，我們都會達到這種境界，即使在我們的這個有生之年我們實現不了，那麼在下一世也會實現。

利特瓦：這是愛嗎？

萊特曼博士：這就是應該被自然界中最高的也是目前最腐敗的元素——人類所實現的絕對的愛的感覺，這就是人類的自由意志之所在——盡可能快地認知到這種需要，並看到它的實現，不是在不斷發展的危機的壓力之下，而是出於人類的自覺自願。現在我們的主要任務就是傳播解釋關於今天降臨和展現在我們面前的危機和災難的原因的知識。

薩尼萊維奇：難道世界上除了掌握卡巴拉智慧的人之外，沒有其他人品嚐過這個真愛嗎？全人類都認知到這個愛的那一天會到來嗎？

萊特曼博士：這一天會到來的，從現在算起未來幾十年內人類應該會認知到這個真愛。我希望我能看到這個歷程的最後階段，能在我的有生之年看到這個目標的實現。

卡巴拉學家是指一個能正確解讀這一真正正確的接受的法則（「卡巴拉智慧」一詞是從「接受」這個詞演變過來的）、解讀那些連接、溝通，以及自然界中所有組成部分間發生的一切事情的人。他從向我們隱蔽的那個世界中獲得知識，從那個利他主義和給予的世界（而不是我們感知的這個利己主義接受的世界）裡獲得知識，並按照這個知識行事。

自然地，已經接受這個知識並能把它運用到實踐當中的人，將會達成這種愛，感受這種愛帶來的真正感覺，實現永恆和完美。他們將進入到宇宙的另一個維度。在那兒，愛是被感覺為永恆和無限地存在著的。

現代科學也正在尋找另外一種不同的維度，在那兒，宇宙的功能不是我們的利己主義的感官所感知的那樣。這種啟示就在我們身邊，卡巴拉智慧能幫助我們快速地實現它。

人類如何能學會去愛？

薩尼萊維奇：但是，人類如何學會去愛呢？像在學校一樣，從課本中學嗎？

萊特曼博士：學習愛並不意味著學習《印教愛經》（Kama Sutrua）（印度一部古老的關於愛的聖經）。學習愛指的是學會修正你與你愛的人相互之間的「腐敗」的關係，而這種愛不一定是指異性之間的愛。一個人應該學會瞭解他人的內心世界，滿足他人的內心願望，就像細胞在我們生命體內發揮的作用一樣。

每個細胞都關心、呵護著整個有機體的存在狀態，依照所有細胞的共同程式來行動。它消耗東西不是為了自己，而是為了配合其他細胞和器官，從而確保整個身體的生命延續和保持身體所有部分之間的正常關係。

疾病的形成破壞了細胞和器官之間的相互聯繫。想像一下，我們的社會是怎麼生病的？當給予被替代，細胞開始吞噬其周圍的其他細胞，並以其他細胞的生命為代價而存活的時候，有機體就會受到致命的癌細胞擴散的影響，結果導致整個環境的崩潰和細胞的死亡，這就是癌症。

為什麼在我們這個時代這種疾病傳播地如此廣泛？我們已經變得如此的自私自利，以致於這已經顯現在自然界的其他層面上：植物和動物層面。人類沒辦法逃避這場危機。我們的問題的根源，甚至疾病的根源就存在於我們人類自身內部，存在於我們這個人類的層面。人類決定了整個自然界的不平衡或者平衡。

今天，我們有責任認識到這個自然的首要法則——愛的法則，並且全方位地認知它。這只取決於人類自身，取決於我們在內在的「自我」存在的那個層面（在這個層面上，我才被稱為「人類」）上做出的努力。

薩尼萊維奇：人類應該如何學會去愛呢？

萊特曼博士：接受全新的教育，學習愛的方法。如果不這樣做的話，你將會只在與生俱來的動物的特性的基礎上行事，並按照社會強加在你身上的價值觀去行動，因為除此你沒有別的其他任何東西存在。首先，你必須接受正確的指導，否則，你將會繼續製造錯誤。卡巴拉智慧就是這樣的一種正確指導的方法。

為了實踐練習它，卡巴拉學家們組成了團隊。的確，很多方法都是以團隊實踐為基礎的。沒有其他的辦法。在此，如同做其他的事情一樣，你需要一位老師，需要一個團隊，需要一種指導，在其中你設法和你志趣相投的人一起去實現它。我讓你失望了嗎？

利特瓦：正相反，你的話令我深思。

誰發明的婚姻？

利特瓦：關於家庭的問題：人們發明了婚姻和家庭？還是上帝創建了婚姻制度？

萊特曼博士：在婚姻方面，人類世界和動物世界一樣有著相似性，瞭解了這一點，我們就能看得出婚姻制度不是人為地被創建的，而是基於我們的本能——最底層的、動物的、荷爾蒙層面。我們看到和動物世界裡的相似的婚姻存在，男女之間的結合都是為了繁殖孕育下一代。

卡巴拉智慧揭示了這些現象的原因——為什麼對立面會相互吸引（加與減，負極與正極）的原則為基礎的相互作用的基本元素正是按這種方式被創造出來的原因？為什麼分子會與原子相融合？為什麼相互分離的對立面為了創造和孕育新生事物而不得不相融合？

在原始層面上，存在著不是相互分離的組織形式，雄性和雌性共生在一個軀體內，相互融合、一起參與著生命的延續。但是在動物層面上，雄性和雌性一體在孕育新生命的時候遇到了問題。高等動物和人類層面是以相互作用為基礎而孕育新的生命的。

為什麼自然會如此安排呢？因為自然在設法提升人類達到這樣一種發展的程度，以致於到某個時刻人類會有意識地主動參與這個過程中，人類逐漸提升到自然的最高層面，而這正是這個宇宙，包括我們這個世界存在的目的。

一個人長大成人，需要花費生命三分之一的時間。因此，婚姻——男人與女人之間的聯合創造的關係——應該是長久的、完美的，以便向孩子傳遞父母積累的所有基本資訊。

一個人應該被撫養長大，慾望得到滿足。人生來完全是空白的、無足輕重的，不像動物生下來頭幾天就能使自己適應周圍的環境。人類的孩子卻應該不斷地得到呵護、教育、照顧和愛護，並向他們灌輸大量的資訊，這樣他們才能適應這個世界的存在方式。這就是婚姻制度存在的原因，是我們在自然界裡融合的一種需要。自然召喚我們愛孩子，否則我們將不能成為夫妻，不能給孩子存活的機會。

利特瓦：因此，這種制度的創立不是為了媽媽和爸爸（丈夫和妻子），而是為了孕育下一代，也就是說為了孩子？

組建家庭的目的是什麼？

萊特曼博士：為了給予。為了傳遞、傳播和走出一個人的自我。

利特瓦：這就是說我們對於家庭的不滿、對愛和快樂的匱乏是由以下事實造成的：這一事實是出現了與給予相矛盾的事情，而且我們未能理解婚姻被創造出來是為了孩子，而實際情況是每一個人都在從中尋找屬於他自己的快樂？

萊特曼博士：沒錯。在一些動物物種中，父母生育孩子之後要不是死亡，就會是為了生育和撫養後代而變得徹底憔悴。我們應該瞭解到這一點，因為這正是我們所缺乏的東西。我們設法利用高科技填補我們在這個層面上的空白。很多人工作是為了幫助婦女自然地分娩、哺育孩子和進行幼稚教育。看看小孩子身邊圍著多少設備、儀器。但是，這麼做並不能補救我們犯下的根本性錯誤——我們對婚姻的態度。

在我們這個時代，發達國家的人們不想要生養孩子。他們尋求利己主義的滿足和自由的感覺。一間房子不再能滿足人們的需求，他們想要擁有多個房間的公寓、別墅，他們想完全與別人分開，把自己與一切事物分離開來。我才不想把我的生活與別人的生活攪在一起，生活在同一間公寓，生育孩子，撫養孩子，日日夜夜想著他們……為什麼要這樣呢？家庭能給我帶來什麼快樂？這種態度就是人類嚴重的利己主義發展造成的結果。

只有透過揭示更高世界，也就是人類的下一個存在層面，以及創造的目標，人類才會看到未來——如果他這麼做的話，等著他的會是什麼。看見未來將會使人類變得清醒。透過在現在就清晰地感知到未來，人們將會看到未來將要對他發生的事，並且出於其利己主義的動機，他們也會想著要改變自己的生活。而只有揭示了這一未知世界的卡巴拉智慧才能使人們看到未來，只有這時，人們才會自覺自願地去改變並超越他的利己主義。

薩尼萊維奇：這麼說，人類是為了學會去關愛別人才需要組建家庭嗎？

萊特曼博士：這是人類存在的唯一目的。創造者創造我們是希望我們能生育、撫養後代，進而達到給予自然中的其他元素，獲得愛與給予的品格這樣一個目的。

自然賦予我們本能的、動物的愛，以便我們可能依靠自己的自由選擇放棄我們利己主義的願望，開始習慣去愛，並逐漸達到愛和給予的精神層面。

利特瓦：看起來那個崇高的力量在人類中製造了一種愛的錯覺和對

他人的吸引只是一種誘餌，以便人類生育和撫養下一代人嗎？

萊特曼博士：人類的目的不是生育一個像他自己那樣自私自利的小生命，而後漫無目標地養育著他們，然後再讓他們漫無目的面對他的生活並重複著這種生死的循環。人們必須認識生命最終的目標是為了達到自然的最高層面——也就是獲得給予和愛的品格。因此，男人和女人被創造出來彼此需要，並且需要孩子，去理解、感覺並在原始的動物層面上學會這種愛的品格，並最終昇華到人類層面上來。這就是為什麼我們人類生來就被創造成男女分體，就是為了透過結合而誕生出新的一代的原因。這也是婚姻存在的原因。

薩尼萊維奇：那麼，為什麼我只愛我的孩子們和我的妻子還不夠呢？為什麼我應該愛別人，愛其他數十億的人們呢？

萊特曼博士：人類的身體組織包含著很多對立統一的，相互平衡的系統：心跳、血管擴脹、補償性收縮……等等。一切都是看起來矛盾而事實上卻是相互平衡為基礎的。類似地，人們之間也有很多使人們擺脫利己主義的約束的系統。

我們的利己主義是一個多層次的體系，而且它必須證明它自己在很多層面上都是一個給予者，從一個純本能的、動物的層面直到那些最高的層面。因此，在此應該使用所有那些可能的聯繫。

卡巴拉學家是志趣相投的人組成學習團隊的方式來工作的。在團隊中的一個「精神的孩子」的誕生構成了他們之間的相互聯繫，他們想要提升超越他們自己的共同願望。當幾十個人創造了一種愛的相互間的聯繫時，他們就創造了一種昇華的集體渴望，這就叫做他們的創造。當他們把他們的利己主義當作一個女性部分，而把他們的這種精神渴望當作一個男性部分的時候，他們就可以孕育出精神的下一代了。但是，這是我們內心世界中的男性部分與女性部分之間相互作用的下一個階段。這個階段是卡巴拉學家們建議的一種具體的實踐。

誰在家庭中佔主導地位？

薩尼萊維奇：誰應該在家庭中佔主導地位？

萊特曼博士：被我們稱為創造者的應該主導地位，就是使我們達到彼此團結統一的給予的品格。最重要的事應該是那個理想的——相互的給予，一種兩個伴侶間相互關係的衍生物，那個第三方力量，它應該決定著家庭中的所有行為和關係。利己主義然後就會消失，我們彼此就會很輕易地做出讓步以實現這種品格，我們開始彼此相互愛護，並且無盡地相互享受彼此。我們的感情，相互的關係擴大了，然後我們一起達到那個共同的理想境界。

薩尼萊維奇：這類似於一個人為了他的國家或理想而犧牲自己的生命這樣一種情形嗎？

萊特曼博士：心理學解釋說這只是一種自我表現和維護一個人的「自我」的一種自私自利的願望。愛一個國家，愛一個黨和愛其他任何事情都不過是一種利己主義的自我維護（Self-assertion）。

利特瓦：丈夫對他的妻子或妻子對她的丈夫有任何精神上的義務嗎？

萊特曼博士：如果我們在探討真愛的話，那麼，精神上的義務一定

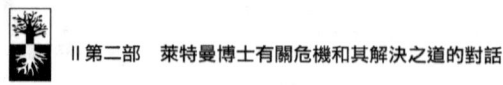

是存在的，它們決定了其餘的一切。然而，任何義務和誓言都無法提供幫助。人們不能約束他們自己，除非他們有一個共同的、有約束力的、超越這個世界的崇高目標。

這也解釋了為什麼社會上離婚率會遽增的原因，因為在歷史上利己主義的發展是一個持續的、漸進的過程，而在我們這個時代，利己主義卻在呈指數級地增長並且衝破了那些曾經對它們有一定約束力的所有界限，比如倫理道德價值觀等。

現在的人們不想受到任何約束，他們想在世界間自由地穿梭，透過網路進入虛擬空間。他們不需要維持永恆的關係，他們希望滿足自己對金錢的慾望，又不願忍受壓力和約束。這就是當今的利己主義普遍的表現情況。因此，婚姻已經無法用道德來約束，更不用說強制了。每一個人都知道這麼做是多麼地沒用而又毫無意義。

人類在過去的數百年裡已經發生了巨大的變化。現在，他們不能承受任何人的束縛和壓力，他們只能在認識某種迎合其接受的願望，看起來更好更崇高的目標時才能願意配合工作。今天，在我們存在的物質、動物和本能的層面上不存在婚姻習俗。技術的發展使得人為地生育和撫養孩子成為可能，如同在恐怖電影中出現的那樣，將來也有可能會出現付錢給人們讓他們相遇而後生產孩子的情況，這就是人類的未來。

每一個婦女都會透過某種特定的條件進行交換，才能使她們願意生育孩子。否則，女人們是不會願意生育孩子的。因此，人類將不得不認識到超越我們的動物層面的這個自然的法則，精神的法則。

薩尼萊維奇：一個女同性戀者能成為另外一個女人精神上的丈夫嗎？

萊特曼博士：不能。因為依照精神根源來說，女同性戀者也是一個女人。同性戀是在荷爾蒙失常情況下出現的一種非正常現象。精神的丈夫和妻子是完全不同的觀念。一個精神上的伴侶是一種精神、一位老師，一個相對於我來講一個較高的層次，這絕對與性取向沒有任何關係。

成為精神上的伴侶，身體親密接觸的同時也變成精神的伴侶，對每一對夫婦來說是一種理想的境界，這也是卡巴拉智慧指引實現的一個目標。

薩尼萊維奇：在卡巴拉學家的家庭裡可能出生卡巴拉學家嬰兒嗎？

萊特曼博士：不能。卡巴拉智慧不能像自然品格那樣可以遺傳傳遞，它只能依賴於其精神的根源和品格。靈魂的根源與身體是沒有聯繫的，它存在於另一個世界當中。

我的建議是不要忽視地球環境的變化，停止改變環境，美化環境，修復環境。停止那個破壞的勢頭，並轉向卡巴拉智慧求助，透過卡巴拉，我們就能清楚地看到在我們這一生當中，我們需要做的是什麼。不管你做什麼，不用這種方法只會加劇錯誤，導致危機。

關於《聖經》中的戒律

薩尼萊維奇：《聖經》裡這麼寫著：「不可姦淫。」這是什麼意思呢？

萊特曼博士：《聖經》裡說的都是精神過程。

利特瓦：「不可姦淫。」這裡指的是一個人的鄰居、兄弟和朋友。那麼，允許一個男人娶一個完全陌生的女人為妻嗎？

萊特曼博士：卡巴拉智慧不涉及人類身體方面的問題。它指的是控制著我們的力量存在的那個崇高的層面。只有提升到那裡，人類才能做某些事情。在未到達那個最高層面之前，我們不能決定我們是否希望做什麼。

我不能告訴別人說：「不要抱有希望。」「我的確希望。我能做什麼呢？讓我終止慾望。」「停止期盼」就意味著要提升到那個最根源處，只有在那個層面你可以改正自己，並且終止慾望。在我們肉身所處的這個物質層面上，我們完全受著自然法則的控制，我們無法認識到「停止期盼，終止慾望」指的是什麼。

命令一個人「終止慾望」就如同命令一隻貓「終止慾望，不要去抓老鼠」一樣，這是不可能辦到的事。因為這與自然法則是相矛盾的。一個願望來自更高世界並在人的內部顯現。在下一刻，將會有另外一個渴望出現。在懲罰的威脅之下，我們能壓制這種渴望，但我卻不能「停止期盼」。停止期盼就意味著改正自我。而改正意味著達到那個給予的層面，認知到那些控制我們的力量。如果我們不瞭解卡巴拉智慧，就什麼也做不了。

《聖經》（《Torah》）只告訴我們：我們應該達成什麼和改正什麼。古代的先知們沒有要求我們在這個世俗層面上做任何事。他們完全明白在這個世俗層面上什麼也做不了。我們這個世界是那個更高世界的創造物，是結果層面，原因層面不在這個世界。

從我們的生命歷程來看，靠我們自己，我們什麼也做不成。你每天都可以發誓，而後一轉眼你就會忘掉了自己的誓言，因為我們的行動是基於我們本能的利己主義願望之上的，而這些本能只有從更高的世界才能夠改變。

利特瓦：人們只是在從字面上理解《聖經》。

萊特曼博士：《聖經》講述的全部都是人類提升到那個精神根源的層面的路徑，即從物質層面提升到控制它們的那些力量的層面。當他意識到和感覺到這些力量的時候，他們經歷了一種叫做「改正」的徹底的質變，而這就是《聖經》告訴我們的內容。因此，取名為「契約」，意思就是創造者把這個任務留給處於創造物最高層面的人類來履行完成創造。然而，只有我們遵從卡巴拉學家的建議才能完成這個任務。

《聖經》的作者們寫這些內容時都是以他們達到了那個最高世界時的親身感受為基礎而寫的。因此，他們的著作叫做「神聖的經文」。《聖經》是從更高世界傳遞給我們的，是對更高世界的啟示的過程，而且這也是應該被我們這樣認知的。我們必須提升到《聖經》及其作者的層面上來——這就是他們呼換我們去做的事情。

《聖經》的作者們是否在告訴我們如何使這個世界上的人類生活變得更舒適了呢？！如何活上幾十年而且好運連連呢？沒有，他們是在敦促我們提升到那個和諧的愛的精神層面上來。這就是《聖經舊約全書》對我們的召喚。它的主要法則就是「愛鄰如己」，我希望我們全人類最終都能夠實現這個目標。

5 利己主義的目的

俄羅斯著名記者兼主持人弗拉迪米爾・摩爾查諾夫

對卡巴拉學家萊特曼博士的採訪

2007 年 4 月 5 日

弗拉迪米爾・摩爾查諾夫：做為一個俄國記者，今天我在以色列受到了萊特曼博士的熱情接待，萊特曼博士不僅是一位生物控制論科學家、本體論和認知論教授，同時也是一位非常著名的卡巴拉學家。我不敢說我真的很喜歡我所從事的記者職業，但不管怎樣，這份職業給了我環遊世界、結識有趣的人以及和他們探討交流的機會，而這些人在日常生活中我可能永遠也不會遇到。

我是在一個叫「老魯查」的著名音樂小鎮長大的，那個小鎮離莫斯科有一百公里，鎮上居民包括俄羅斯人、猶太人、亞美尼亞人、格魯吉亞人和土耳其人等等。孩子們會在一起玩耍，但我們從來不會談論各自的民族。然而，我已經記不清究竟是什麼時候什麼原因讓我第一次意識到我是一個俄羅斯人，我想或許是某些事情讓我產生了這種感覺。那麼請問，您是從什麼時候開始，是什麼原因讓您意識到自己是一個猶太人的？

萊特曼博士：我想很可能是在我大學即將畢業、開始考慮未來的時候。那時，我對醫學控制論很感興趣，這是一門研究生命有機體運作及其內部程式的科學，即研究生物體是怎樣組織、如何運作的科學。然而在俄國，對於這門學科的研究是一個封閉的學科。在那兒，想要找到一個和我一樣研究這門科學的人非常困難。我曾經在血液研究所工作過，和那裡的人員有過一些接觸，我也和一些在聖彼德堡工作的科學家們交談過，這些使我開始瞭解到，我真正感興趣的東西，在這門學科裡並沒有涉及。即使是一些傳統的、基礎的科學研究機構也不會對諸如生命的意義這一類概念提供深刻的探討和精細的研究。

在這裡所研究的只是生物體的運作系統而已，他們並不瞭解為什麼生物體是這樣組成的，為什麼會生成並運用這樣的生物體內部程式，整個身體的目的是什麼，這些才是我最感興趣的。我知道我必須另尋機會，所以，我移民來到了以色列。

即使是現在，我也沒有特別強烈地感覺到自己是猶太人，或只是猶太人。我研究卡巴拉，這門科學研究更高世界和操縱我們所處的這個世界的力量，研究全人類發展的歷史及其存在的意義，因此，儘管以色列是我的生活和工作之所，也是我的課程直播發出之地，但這門科學本身不允許我侷限在狹隘的國家利益這個小圈子裡。

弗拉迪米爾·摩爾查諾夫：您是在這兒，以色列，開始研究卡巴拉的嗎？還是在聖彼德堡的時候就已經開始研究了？

萊特曼博士：不，不是在聖彼德堡，在那兒的時候我根本就不知道卡巴拉是什麼。

弗拉迪米爾·摩爾查諾夫：在剛開始做記者的時候，我就和形形色色的人打過交道。我花了大約七年時間去研究納粹罪犯，這其中有一位被判刑十五年，另一位被新澤西州的猶太自衛聯盟炸死。隨後很長一段時間我沒有再從事這項工作。

在最近兩年裡，我和我的妻子一起實施了兩項非常嚴肅的猶太專題製作。其中之一是我們拍的名為《里加集中營回顧》的影片，另外就是在基輔為紀念巴比雅大屠殺事件六十五週年紀念活動。有六名在猶太人集中營中存活下來的囚犯如今仍然在里加活著，我們拍攝了其中的五名，因為另外一名已永遠不能下床。這其中有一名被囚者叫孟德爾・巴什，他是一個卓越的樂隊指揮和一位音樂學院教授，他的家人全部在集中營中喪生。在對他的採訪中，他不停地重複著：「上帝，您在哪裡？」他尊重那些有宗教信仰的人們的情感，但是他再也沒有辦法向上帝祈禱，求助於上帝。

在您看來，為什麼對人們那些在驚駭恐怖關頭的禱告求助，上帝都沒有回應呢？

萊特曼博士：我們也根本找不出任何例子來證明，上帝曾經回應過人們的祈禱。如果你追溯回顧人類的歷史，您會發現它其實是人類逃離苦難的歷史，這種狀況一直延續至今。而且，這也並非只是侷限於猶太人，對於其他國家和民族的人民亦是如此。

我們需要瞭解自然的規劃、創造者的計畫，那時我們或許能夠找到我們現在正遭遇到的以及將來可能會遇到的問題的答案。然而，在過去的歷史中，除了一小段遠離苦難的短暫寧靜之外，我沒有看到任何「光明」的時期。我沒有看到一個對我們——不僅僅是猶太人，而是包括世界上所有人的——仁慈的上帝。

我覺得我們需要停止將我們的理解和意志強加在創造者身上，因為祂有著自己的行為規劃。上帝就是自然，或者那個覆蓋整個宇宙，控制支配著它，並按照一個特定軌道引導著它的更高力量。我們不知道這個軌跡是什麼樣的，也不知道它的開始、中間和結尾是什麼，我們只是本能地不情願地存在於這個世界上。然而，如果我們試著去瞭解自然向我們要求什麼的話，我們就會明白，要感覺快樂、崇高和和諧，我們需要採取的是一種截然不同形式的行動。

弗拉迪米爾・摩爾查諾夫：但是，在不幸的時候，尤其是在遭受苦難的時候，求諸上帝不是人類共有的特點嗎？

萊特曼博士：是的，正是這些問題將我帶向卡巴拉。的確，一方面，當我們研究生物體如何運作的時候，我們看到了每個細胞及其整個有機體被創造的智慧。自然提供給我們各種系統，使其各個要素以一個良好的、舒適的、適宜的方式來運作，同時使其各個要素之間互相協調、相互支撐。但是在另一方面，我們也看到這些要素也在不斷地遭受著苦難，它們的整個生命都充斥著各種問題，都在不斷為生存而抗爭著。而最終，等待它們的只有死亡。換句話說，生物體的這種存在方式似乎十分荒謬，完全沒有意義。

在卡巴拉中，我找到了這些問題的答案，我發現了宇宙賴以存在的那個法則，卡巴拉學家們對這些法則的描述可追溯至古巴比倫時期。我們需要把自然或創造者簡單地看成是一種法則。如果一個人從房頂上跌下來，毫無疑問這個人會撞擊到地面，在這個過程中，萬有引力法則會發生作用，發生在這個人身上的一切都會遵循這個法則，此時您再怎麼祈禱也不能改變這個事實。對於整個人類也同樣如此，如果我們瞭解那些支配我們的世界的自然規律，並能正確地運用這些規律的話，人類將肯定可以生活得更愜意舒適。

弗拉迪米爾・摩爾查諾夫：您能夠對猶太人的順從做一下解釋嗎？我談論的是納粹對猶太人的大屠殺，我對里沃夫的亞諾夫斯基集中營、里加集中營和巴比雅大屠殺事件有一些瞭解。您能告訴我，為什麼猶太人會如此乖乖地任人宰割呢？為什麼他們沒有選擇和那些把他們推向火坑的希特勒分子們奮戰到底呢？

萊特曼博士：根據卡巴拉的解釋，這件事不足為奇。實際上早在這些大屠殺發生大約二十年之前，一位當代偉大的卡巴拉學家，即被人尊稱為巴拉蘇拉姆（Baal HaSulam）的拉比・耶胡達・阿斯拉格，已經預測到這些事件的發生。他給人們提出了警告並寫下了他們必須要做的事情：猶太人需要承擔起上帝賦予他們的使命，他們需要，首先為他們自己，繼而為整個人類，揭示出那個我們怎樣去建立一個幸福、團結一體的社會，並將人類引向它的預先設定的目的地，怎樣和我們身處的自然環境和諧相處的科學。

然而，不幸的是，沒有人聽從他的告誡。而且更不幸的是，他公開並悲痛地向全世界發出的預言（巴拉蘇拉姆（Baal HaSulam）出生於波蘭，並於二十多歲的時候離開了波蘭）變成了現實。當自然規律開始起作用時，無論我們做什麼，都已經不可能挽回了。

弗拉迪米爾・摩爾查諾夫：當我們拍攝《里加集中營》的時候，我曾被一位著名的歷史學家的臨終遺言所震驚，這個歷史學家曾撰寫了十本關於猶太人的百科全書，當他即將辭世的時候，他對站在其身邊的猶太人說：「Shrayden Iden, Shrayden」這在意第席語（Yiddish）中的意思是：「寫，猶太人，寫！」猶太人必須寫作，但是他們卻寫得越來越少。

萊特曼博士：不幸的是，在猶太人中，已經找不到能夠像他們的祖先那樣擁有偉大的靈魂、能夠為全人類帶來智慧的人了，這是他們這個民族當前正在經歷的和過去兩千年來已經經歷的精神流放的結果。在聖殿被毀之前，以色列整個民族都處在一個精神世界的層面上，以色列人能夠感知到那些更高的力量。在那本現在稱之為《摩西五經》或《舊約》的《聖經》中，以色列幾乎整個民族的每個人，都能夠領會上帝的旨意，並能像那些先知一樣感知他自己乃至整個世界。

然而，接著，悲劇發生了。那種曾使人們感受到和自然和諧的互敬互愛（因為自然實際上就是一種愛，一種平衡，一種所有要素間相互聯繫的感覺）瞬間被一種莫名的彼此間的仇恨所代替。利己主義突然爆發並開始盛行起來，而這決定並導致了猶太人從他們的土地上被驅逐、被流放的命運。最初，這只是一個從精神層面到常規的物質層面的流放，結果後來卻演變成了離開其生存土地的流放。

現在，在遭到流放幾千年以後的今天，我們得到了重新回到這片土地的機會，然而，這也僅僅只是給我們提供了一個提升回到那個喪失了的精神層面的機會。人們不明白也不願意這樣去理解這一點，猶太人想和其他所有民族的人民一樣，只希望生活在這樣一個物質的、利己主義的世界的層面。現在正發生在猶太人身上的災難只是他們沒有完成他們使命的結果。

弗拉迪米爾・摩爾查諾夫：您開始談論利己主義，我曾讀過您的一些著作（我想應該是三十本），每一本都提到利己主義是毒瘤，那麼，從本性上來說，您也是一個利己主義者嗎？

萊特曼博士：每個人都是！

弗拉迪米爾・摩爾查諾夫：每個人？您也是嗎？

萊特曼博士：是的，我也是。其實每個人生來就是利己主義者，這是我們這個世界的本性。

利己主義最先出現在古巴比倫時期，卡巴拉也正是在那個時候開始興起的。卡巴拉科學說利己主義的突然出現，以及在那之後一代又一代的持續增長，是一個必要的過程，是一種自然特別提供給人類，而不是動物、也不是植物或任何靜止非生命的物質的特性。利己主義這種持續的演變發展就是為了人類能夠超越它們，並試著和自己類似的那些人重新建立一種聯繫，這樣所有人最終就會變得像是來自同一個家庭的兄弟姐妹一樣。

即使是在古巴比倫時期，卡巴拉學家們也十分瞭解這種發展的必要性，並試著給生活在美索不達米亞的古人們提供這種方法。然而，當時只有一小部分人按照這種方法行動了，這些人後來形成了猶太民族，而其他人都走上了利己主義的道路。

在長達一千五百年的時間裡，以色列人都一直處於精神的層面上，直至他們自己也完全淪落成為了利己主義者為止。而現在，是我們採取一種反方向行動的時候了，我們需要盡可能地重建卡巴拉智慧。首先，這需要在以色列人當中，在那些具有達成更高世界和精神的利他主義層面的天賦的人當中首先發生，然後，我們需要把這種教義傳達給全人類的所有人。

我們所處的這個時代非常特殊，這是一個將充滿著危機和災難的時代。危機無處不在：全球危機、生態危機、政治危機、文化危機、科學危機等等，看一看社會層面正在浮現的各類危機就知道了！所有這些危機只是用來警示人們，使人們能夠開始正視自己，明白自己有改變其存在本質的需要，並使人們意識到利己主義是邪惡的，從而迫使自己從它的束縛中解放出來。

但問題是人類並不知道該如何去做。我參加過許多國際會議，我看到大家都已經意識到了這一點，但是他們不明白，要如何以及藉助何種工具或何種力量，人類才可以改變自己的本質。

就如您所說，我們都是利己主義者。然而，透過學習卡巴拉，我們可以改變這種本性。只有卡巴拉能夠指引我們尋找到那種能夠改變人的本性的力量、一種能使我們改變的愛的力量。然而，由於我們和這種力量正好相反，由於我們都是利己主義者，這種力量就以如此殘酷的方式呈現在我們身上。也正是因為如此，創造者看起來似乎對我們很殘酷。這是因為我們希望仍然保持與之對立的狀態造成的，並且天真地希望他根據我們出於自己的利己主義本性所認為的最好的方式來對待我們。這在所有宗教儀式裡的祈禱活動中可以清楚地看到人類的這種活動。

弗拉迪米爾・摩爾查諾夫：您聲稱只有卡巴拉學家才能提前看見和決定那些將要發生在地球上的事情（這些是您的原話），對於這點我非常好奇。我們已談論過大屠殺，然而，這些駭人聽聞的恐怖行為如今在以色列、俄羅斯、美國仍在發生。您是一個導師（RAV），一個老師。您能說一下，對於這樣一個被一群對猶太人充滿著仇恨的穆斯林國家環視著的以色列，等待它的將會是什麼嗎？

萊特曼博士：這種預言就如同研究任何其他人類受制於已知規律的現象一樣是可能的。自然法則是絕對的和客觀的，《聖經》裡所告訴我們的、《聖經》裡所主張的，需要成為我們每個人生命的根本。如果以色列人無法從本質上從內在改變他們自己的利己主義，那麼，在接下來的七到十年裡，如果他們還不能超越利己主義走向利他主義、不從仇恨走向友愛的話，以色列民族在這個地球上將不會有立足之地，最終將會從這地球上消失。會像過去一樣，這塊土地將會「驅逐」我們。

弗拉迪米爾・摩爾查諾夫：「如果我們不即時完成我們的使命的話，我們將被迫離開這片土地。」這是一個讓人十分驚恐的說法。

萊特曼博士：是的，但這些並不是我個人的推測，卡巴拉告訴了我們這一切：這片土地將會遍佈阿拉伯人，一切都會回復到幾千年前的樣子，然而最終，按照創造者的計畫，整個世界還可能會經歷第三次，甚至第四次世界大戰。

人類最終將不得不達成這樣一種改變自己，並認識這是一種絕對的必要的認知，這要不是可以透過認知，就會是透過遭受苦難來實現。但是，如果我們不能即時意識到這種改變本性的必要性的話，未來等著我們的絕不會有什麼好事情。

在不久的將來，納粹政體將會在所有發達國家得以復甦。反猶太主義是人類本性中與生俱來的天性，它只是由於人們不情願地感覺到猶太人掌握著逃離苦難，或者從相反的角度，進入幸福的大門的鑰匙，猶太人自己也深深地懂得這一點。您問過我為什麼猶太人會如此乖乖地任人宰割，那是因為他們知道他們應該為自己正在做的事而承受苦難，但他們不知道這些事背後的答案是什麼，因為他們不瞭解卡巴拉，但不管怎樣，他們卻天生具有這種預感。

您瞧！所有的民族，所有的國家，在世界各地，無論您在哪碰到誰，即使他們從來沒有真正和猶太人接觸過，他們都會對猶太人持負面態度。這種態度深植在人的內心，因為人們總會潛意識地覺得自己必須要依賴猶太人。

弗拉迪米爾・摩爾查諾夫：比任何事情都重要的是，您談到在不久的將來，納粹政權將會在幾乎所有國家得以復甦，這真的嚇到我了。

萊特曼博士：這將會是現在的各種危機持續惡化的結果，看起來我們似乎可以找到一個出路來避免這個結果的產生，但事實上我們卻找不到！在過去的兩千年來，以色列人在流放過程中和世界上其他民族的人一直發生的那個融合，現在已經到了結束的時候了。現在該是提升到與自然和諧平衡的層面的時候——這不僅為我們自己，也是為了全人類。

弗拉迪米爾・摩爾查諾夫：您說，「提升」，但是在地球上，穆斯林的數目與那些被稱為「不信神的人」的數目相比，正在呈幾何級數倍增。那種與「不信神的人」、與我和你的戰鬥，會討創造者的歡喜嗎？您能說出一些與之相反的事情嗎？

萊特曼博士：這就是那些支配我們的自然力量的作用方式。無論如何我都不是在責備任何一個民族或某一個國家或某一個政黨和個人，因為它們也同樣都受到來自自然的支配，我們的這個世界只是那個更高的支配力量的結果而已。這些力量對人類施加這樣一種影響，以致於使他們能夠產生利己主義是邪惡的這樣一種認知，只有那時，人類才會出於自己的自由意志和決心去改變自己。

在這場活動中，穆斯林就像其他民族的人一樣，也承擔著一定的角色。我們不應該責備任何一個人，畢竟，人們只是在按照自然法則的要求在行為。我對任何人都不感到仇恨，因為我看到在任何一種層面上，宇宙萬物都是被那個單一的更高力量支配著的。只有當我們和世界或我們所置身的環境保持平衡的時候，我們才會感覺到舒服。我們現在在願望上、思想上、道德上、心理上都正在與自然背道而馳，而自然是利他無私的，它處於給予的精神層面上，就像一個偉大的母親，而我們都是利己主義者。我們甚至想要去吞噬掉其他人，乃至整個自然。

在我們與自然平等相處，達到自然和諧之前，我們將會不斷體會到自然對我們的影響，這些可能會透過阿拉伯人，或法西斯分子，或其他任何人感到這種影響。在這個過程中，誰扮演什麼角色並不重要。我們將遭受苦難，我們將會感受到自然帶給我們的壓力。

弗拉迪米爾・摩爾查諾夫：您剛才說，「我對任何人都不感到仇恨。」然而，那只是您，或許我還有其他許多人也會有同感，但這並不代表著每個人都會這樣想。對於您的「一個熱愛上帝的人必定會厭惡利己主義」這句話，我感覺很疑惑。這與那些宗教領袖們的行為和宗教習俗相比，是怎樣的呢？無論是天主教、東正教，還是猶太教的領袖們都聲稱只有他們的信仰是正確的。畢竟，這已經是二十一世紀。

萊特曼博士：宗教是由人類發明的，它只是為了給人們提供某種心理上的慰藉；它試圖使人們相信，他們來到這個世界上就是來遭受磨難的；它使人們產生對來世抱有憧憬的心理期待，儘管這些都是毫無根據的。

我將宗教信仰看成是人類的發明，它們僅僅只是一種人類文化現象，僅此而已。它是人類自己出於逃避苦難的自然願望想像出來的，沒有任何基礎，與卡巴拉沒有任何聯繫，也與那個真正的支配著我們的這個世界的更高力量沒有任何聯繫。卡巴拉與所有的宗教都是截然不同的。

弗拉迪米爾·摩爾查諾夫：您剛剛提到有可能會爆發第三次，甚至第四次世界大戰，您認為這些戰爭爆發的根源是不同宗教間的相互仇視嗎？

萊特曼博士：不，事實上這並不是出於宗教的相互仇視。伊斯蘭教並沒有對我們顯示出它真實的形態，這些戰爭將會是出於某些政治和經濟的目的。這些戰爭並不是宗教戰爭，而是我們巨大的利己主義之間為爭奪利益的戰爭，它們已經膨脹並發展到了它最終的階段。

利己主義的發展總共分為五個階段，它們決定了各個時期的社會經濟形態：包括文藝復興、科技和文化革命等等。它們發生的根源都對應這五個發展階段之一。（這在我們即將出版的另一本著作：《歷史，現在和未來》中有詳細的闡述）現在我們已經到達了利己主義發展的最終階段，在這個階段，我們逐漸意識到已沒有什麼可以滿足我們的利己主義慾望的東西，我們正處在某種利己主義的死胡同。現在，人類無論選擇哪條利己主義道路，在前面等待他們的絕不會有任何光明和驚喜。

第一次，我們開始意識到我們的孩子將不會比我們有一個更好的未來，甚至可能會比我們更糟。這麼說吧，我們感覺到，這個世界已經走到了盡頭。這實際是我們內心一種無助感的反射，而這種無助感，部分是有意識的，部分是無意識的，它最終導致恐怖——一種爆發，最終引發戰爭。

弗拉迪米爾·摩爾查諾夫：是的，一種仇恨的爆發。教授，我們是人類，愛和恨不是人類所特有的嗎？我非常好奇，當您的以色列同胞刺殺了以色列總理伊莎克·拉賓並鼓動殺死阿里爾·沙龍時，您是什麼感受？做為生活在這樣一個奇妙的小國度的猶太人，您能夠對這些現象做一些解釋嗎？

萊特曼博士：人們正在經驗這樣一個可怕的狀態：他們被驅趕回到了這個國家，而且我敢說，只要他們有機會在其他地方生活得更好，他們中的大部分人都會非常樂意離開這裡再回到原來那些地方。人們不明白為什麼他們會在這裡，而那些想在這裡生活的人卻被一些虛幻的、人造的目標所誤導——他們認為，他們可以透過武力和某些假想的精神力量拯救他們自己和這片土地。

人們不明白，他們需要提升到一個精神的層面，他們需要準備去改正他們自己，然後把這種自我改正的方法傳授給全人類。他們不明白這個。

您知道宗教產生的原因嗎？它是幾千年前，當以色列民族從精神層面墮落到這個物質和利己主義的層面上時產生的。猶太人不但沒有在自然的層面上、在對更高力量和更高世界的感知狀態中去追求精神的存在方式，他們開始只是想像這個世界。結果，他們發明創立了今天他們自己的宗教——猶太教，並隨後由此衍生出基督教、伊斯蘭教。現存於人類文化中的所有東西都是人類從精神層面墮落到這個物質層面後產生的結果。

如果以色列民族能夠從現在開始，樹立一個從這個物質層面提升到精神層面的榜樣，這樣就會平衡不同宗教間和國際間出現的問題。畢竟，卡巴拉是從那些古巴比倫人，即從那個產生了我們今天人類偉大的現代文明的古巴比倫的狹小文明中誕生出來的，所以，它本身也是屬於全人類的偉大智慧，因此，卡巴拉有把我們全人類重新團結成一個團結的、單一的巴比倫民族的力量。

弗拉迪米爾·摩爾查諾夫：請告訴我，在您看來，卡巴拉會成為一個民族的概念，還是一個超民族的概念？

萊特曼博士：卡巴拉是超民族的。事實上，猶太人僅僅是一個建立在意識形態上的民族，他們形成於古巴比倫時期，然後從巴比倫脫離出來，最終在精神原則的基礎上存在下來。後來才開始被叫做「以色列民族」。當這個民族從精神層面上淪落後，其名字仍然保留著，但也只是徒有其名而已，並不是某種遺傳意義上的民族。

弗拉迪米爾·摩爾查諾夫：在以色列，那些猶太教拉比們是如何對待您的？

萊特曼博士：如同一個異己。

弗拉迪米爾・摩爾查諾夫：真的嗎？

萊特曼博士：當然。

弗拉迪米爾・摩爾查諾夫：在這裡，您覺得自己是一個異己嗎？

萊特曼博士：不，不是，那只是他們的想法——卡巴拉學家一直這樣覺得。縱觀人類歷史，卡巴拉是和宗教一直平行地發展著的，但卻並沒有以任何形式融入到宗教的領域。卡巴拉關注的是一種達成精神世界的內心願望，不是透過信仰，而是透過實際達成。透過對支配這個世界更高系統的感知以及進入到那個系統裡面來實現的。這和宗教正好是矛盾的，是背道而馳的。

弗拉迪米爾・摩爾查諾夫：我聽說在您住的社區附近，住著很多信仰宗教的猶太人，這會對您有所影響嗎？

萊特曼博士：不，我們之間根本沒有任何接觸。卡巴拉的道路與那些有著宗教信仰的人（猶太人或其他人，怎麼稱呼都無所謂）所選擇的道路正好截然相反。

弗拉迪米爾・摩爾查諾夫：您聲稱有存在著某些客觀的自然規律，對於這種規律，任何人，包括布希或史達林，也都無可奈何。那麼，這些規律是什麼？難道那些被史達林和希特勒殺死的數以百萬計的人也是因為這些客觀規律起作用的結果？他們也陷入了這些規律的作用嗎？

萊特曼博士：很不幸，是這樣的。如果我們在談論規律，我們必然將我們個人的情感因素拋開，我們只需要去瞭解那些影響這個世界的自然力量會如何變化。

這將會是這樣一幅景象：一個單一的、包羅萬象的、完全利他的力量正引導著人類走向一種與其品格變得相同，就像任何一種物理的力量，在它發生作用時，並不會以人的意志為轉移一樣。這就是我們所處的狀態。

您正在談論的是一個仁慈的上帝，各種情感，以及上帝庇護其所創造的生靈。但這些事情並不存在。那些客觀的自然規律已經在卡巴拉的原始著作，及我的著作和翻譯作品中都有闡述，但這些書都只不過是過去的那些著作的重述而已。真正第一次對卡巴拉智慧的科學闡述是在古巴比倫時期出現的，也就是亞伯拉罕的《創造之書》（Book of Creation）誕生的時期。卡巴拉的整體概念、自然的整體規劃都在那本《創造之書》裡有所闡述。

如果我們不是以正在體驗各種痛苦的創造物，而是以一個旁觀者的角度去審視一下發生在我們身上的事情的話，我們就會明白它是自然力量作用的結果，而且這種力量還會繼續用這種方式引導我們前進。如果我們不明白這些力量，如果我們不清楚我們應該如何相應行動（就如同在物理和化學領域一樣），如果我們不懂得如何運用這些規律來為我們服務的話，我們將會繼續遭受磨難。

弗拉迪米爾・摩爾查諾夫：我希望我的問題不會冒犯到您，我是一個有好奇心的人，我只是想弄明白這個事情。我不想貶低自己，也不想貶低我所學的知識，因為這並不是我活著、出生良好、受到良好教育的目的。我對您所說的「一個人感覺越是謙卑，他就越接近他的真實狀態、越接近創造者」這句話感到很費解，在您看來，「謙卑」指的是什麼呢？

萊特曼博士：當我們遇見偉人時，當我們和他們交談時，我們會突然發現自己對自己領域的知識缺乏自信。如果一個人是一個真正偉大的探索者的話，他就會明白我們僅僅只是處在某種永恆的事物的開始。我們需要到達這樣一個境界，在這種狀態下，我們會覺得我們所生存的這個世界是有意義的，因為我們實際上對它還一無所知。

從科學目前正在遭遇的危機來看，科學並不能向人類揭示存在的更高層面。這些科學源於我們的本性，我們發現了它。我們用我們的五官來感知這個世界，而且世界的整個畫面也都是透過這種方式呈現在我們面前的。對於不同的感知者而言，他感知的結果也可能會截然不同。如果我們不再用過去那種傲慢的態度對待這個世界，好像我們已經知道並瞭解了所有事物，並正在正確地做著所有事情的話；如果我們能夠真正正確地對待這個世界的話，我們將可能揭示一個額外的、巨大的操控著這個世界的更高的力量層面。而這對我們來說也是大勢所趨，勢在必行。

自然不斷地給我們以打擊，為什麼我們不想一想存在於這一切背後的意圖是什麼呢？畢竟，任何事情的發生都不會是毫無目的的。大自然只有這樣做才會使人們開始去研究所有這些看似偶然的災難背後的起因和意圖，從而在總體上研究我們的存在方式。沒有事情會消失的無影無蹤，也沒有事情會無緣無故地發生，只有人類相信他們有力量有理由去改變任何事物。結果，他們到達了這樣一種危機的狀態。

弗拉迪米爾・摩爾查諾夫：當我在讀您的著作的時候，我有一種印象——您並不承認正規的科學，您強調我們需要更多的心理學家，並且這是唯一一種我們需要從科學中獲得的東西。但是，請告訴我，一個生病的人應該怎樣做？他應該去看醫生嗎？那些住在地震區的人們該怎樣做呢？他們不應該去找地震專家嗎？我對於這一點感到非常奇怪。難道您不是來自一個科學的世界嗎？

萊特曼博士：不，不，在任何情況下，我都絕不會否認人類所創造的科學的偉大，或否認那些對於我們所處的這個世界相互聯繫的揭示。我的第一個專業是生物控制論，接著我研究了哲學和本體論。我對所有關於科學的新聞都很感興趣，現在我也是「世界智慧協會」的一員。其實我一點兒也不蔑視科學，這可能是因為你參考的是某處的錯誤翻譯，或僅僅是某種斷章取義的錯誤理解而已。

我們需要知道現代科學揭示的是物質的性能，而不是支配我們這個世界的力量，我們的科學只是對我們的世界做了一個實用性的補充，它們並不會改變我們生命的實質。

我們知道，人類一直在試圖尋找新的藥物，並設法使我們的日常生活和生活環境變得更加舒適，但是我們仍然逃脫不了自然對我們的影響。這麼說吧，相反地，從它發展我們的角度來看，我們已經落在了發展計畫的後面，自然一直在持續地向我們施加著越來越大的壓力。

這只要看一看如今患憂鬱症的人數增加的程度就知道了！當前，抑鬱已變成是頭號疾病，嚴格來說，癌症就是純粹的利己主義在我們身體層面爆發產生的結果。當身體中的一個細胞開始想要吞噬掉其周圍的其他細胞時，癌症就在身體內滋長起來，這也正是我們所處的這種精神狀態產生的精確結果。家庭矛盾、出生率下降、離婚、毒品……以及那些以前從未發生過的現象都在爆發。人們從未像現在這樣如此渴望放棄自己的生命和這個世界，想要忘記一切，以求超脫自己。

那麼，我們需要到哪裡才能尋找到那種能夠幫助我們以某種形式存在的力量呢？世俗的科學將不會給出這類問題的答案，他們是純粹的實用主義科學。然而事實並未如我們所願，研究電子的結構（儘管這是正確的，而且我們也需要這樣做）並不能使我們免遭苦難。相反，我們的下一代甚或下下代將會變得越來越糟。如今，科學家們已開始在科學會議上公開地討論這個問題，而這個問題我在十五年前就提到過，但當時卻遭到了人們的嘲笑。大約在六七年以前，我在美國的時候，我開始和一位美國哲學家撰寫一本書，但是他坦率地告訴我，「在哲學家圈子撰寫有關危機的書是不被允許的」。但是，今天每個人都已經開始撰寫並討論它。

弗拉迪米爾·摩爾查諾夫：您正好開始談論到毒品，我認為濫用毒品是一種極大的邪惡和墮落，然而，您寫到（可能又是一個不正確的翻譯或誤解）「那些毒品上癮的人只是那些社會不相容，沉浸於他們自己的內在世界裡的人們。那麼，我們為什麼就不能允許這些人享受這種快樂呢，畢竟它們並不會對社會產生直接危害」。而且，您還建議在給予失業津貼的同時甚至可以考慮發放免費的毒品。

萊特曼博士：我其實是想表達一種不同的觀點。我想說的是毒品並不會對社會產生危害，它們給人們提供了一個尋求快樂和逃避這個給他造成苦難或無法滿足他的需要的現實世界的機會，但是他們並不會對社會構成直接威脅。當我在問「為什麼我們不能給每個人發放毒品呢？」的時候，這並不意味著我提倡這樣去做，我只是在透過問「為什麼我們要反對毒品？」這個問題引發人們進一步對生命存在和其意義的思考。

毒品使一個人從現實世界逃離，使得他不再去尋求生命的意義。我們對毒品表現出的負面態度是深植於自然的規劃當中的，就是因為毒品最終會使人們脫離其存在的目標——使人們脫離社會，不去思考生命存在的意義，更別提去實現它了。儘管如此，人類仍然在繼續生存、在承受磨難等等……自然正在不斷地引導著人類前行。而與此同時，毒品卻使一個人脫離現實的一切。正是基於這個原因，人們無意識或有意識地反對毒品。

社會需要給人們提供一種可以超越這個現實世界的機會，讓人們理解他們生命的存在價值和生命意義。畢竟，人們正是因為在感覺到生命毫無意義時，才轉向毒品來尋求慰藉的，不是嗎？！

弗拉迪米爾·摩爾查諾夫：人們將會習慣讓他們的孩子去適應毒品而且會有意識地這樣去做嗎？……

萊特曼博士：是的，這已經是毒品氾濫的下一個階段。

弗拉迪米爾·摩爾查諾夫：如果我沒理解錯的話，您的確把它看作是一種邪惡或墮落，是吧？

萊特曼博士：當然。

弗拉迪米爾·摩爾查諾夫：您說，「對邪惡的認知就是認識一個人的利己主義願望的邪惡」，那麼，在您看來，罪惡是什麼？

萊特曼博士：我們被自然創造成一個單一的有機體。這似乎已是一種陳腔濫調，但是這的確就是事實本身。只要瞧一瞧我們的身體——組成它所有的器官、細胞、系統以多麼完美的相互作用、絕對的和諧而存在著，每一個細胞都會從有機體的整體利益考慮，並為整體的利益提供服務。每一個細胞都只會按照維持其自身生存所需要的最低標準去索取，其行為都是為整體服務的。就是這種獨特的相互作用確保了整個系統的存在和延續。而一旦某個細胞開始只是索取而不是給予，它就變成了這個身體上的一個癌細胞。

自然是由靜止層面、植物層面、動物層面和人類這幾個層面組成的一個單一的有機整體。而「人類」層面特指的是我們的意識層面，或我們對待世界的態度。這就是在我們內心中叫做「人類」的東西，而我們的軀體卻是處於動物層面的。我們所有人，人類和處於其他不同層面的自然的其他組成部分，應該都是相同的，我們需要以一種絕對和諧的方式緊密聯繫在一起。自然——除了那個寓於我們內在的「人性」層面之外（即我們的意識，對於彼此和世界及自然所有東西的態度）的所有東西——都已經在以那種以整體利益為行動指引的方式和自然和諧存在著的。

我們的身體是屬於一種動物層面的存在。有必要引導人們達到這樣一種狀態，在這種狀態下人們能夠意識到自己成為與自然是不可分割的一部分的狀態。透過這樣做，人們可以揭示永恆與和諧，體驗到完美，然後與強大的自然融為一體。人類被註定要提升到這種層面的，這是我們存在的目的和宇宙及人類進化的方向。

而要實現自然的運行計畫註定要我們達到的這種永恆和完美的目標，我們有兩條道路可選擇。一條是繼續透過苦難的道路來實現，這是幾千年來人類都一直在走並正在走著的一條漫長道路。另一條道路就是透過向人類揭示一個更高的系統或更高世界的存在，然後「看見」未來的目標，主動地去實現目標的道路：「是的，我們就是這樣被創造的。看哪，前方有光明，那是一個多麼偉大、永恆、完美的狀態啊！」

卡巴拉的唯一目的就在於教會人們真正看懂這個世界，瞭解創造的祕密和我們在創造的宏偉藍圖中扮演的角色，使創造過程變得透明，並透過它看清楚在一幅完整畫面上我們現在所處的位置。然而，如果人類沒有能夠充分利用這種智慧的話，那麼慢慢地，在越來越頻繁和巨大苦難沉痛打擊的影響下，人類也不得不被迫意識到要做出改變，這樣它仍然會提升到那樣一種狀態。如今最大的問題就是我們能否呈現一個促使人類覺醒和提升的科學的方法。

您看到，卡巴拉是一門科學，只要看一看這些圖表和圖紙的數量及其邏輯性，您就明白它是一種有關更高世界的科學。你在問，我們能夠把卡巴拉方法展示給全人類嗎？人們會選擇這種正確的道路嗎？我想說的是，如果不能的話或者人類不願聽取的話，等待著我們的只能是沉重的打擊、更加沉重的打擊直到無法承受的打擊。

自然對我們的態度從未改變過，也不會改變。發展的重擔就在我們的肩上：如果我們能夠充分利用卡巴拉智慧，我們的發展之路就會變得一帆風順；如果沒有利用好它，我們就會像那些愚笨的孩子一樣得到教訓。透過逃離那些打擊，我們還是會按照發展的規律給我們指引的方向前行。**人類唯一的邪惡就是與自然的不和諧，也就是我們的利己主義和自然的愛和利他主義的法則之間的不和諧，不只是不和諧，而是處於完全的對立狀態**。我指的並不是那些日常生活中狹隘的利己主義，我們需要從全球、從人類的整體層面來認識這個利己主義和自然的不和諧。

這一點在《聖經》裡闡述得非常清楚。古巴比倫時期的人們想要建立一座通向天國的「驕傲」的通天塔，由此人們「失去了他們的共同語言」，彼此再也不能互相理解，同時出現了一種「混雜的語言」。可以這樣說，古巴比倫人被分散到世界各地，就是因為人們之間再也無法共存下去。這的確是一種邪惡，唯一的邪惡，難道不是嗎？除此之外，你找不出另外的邪惡，我們在這個世界上我們感知到的、看到的所有罪惡現象都是這個邪惡的表現而已。

我們還需要知道的是，**使我們相互疏遠和相互對立的利己主義被創造出來，為的就是讓我們無法逃避開它、也無法壓制它，也沒辦法消滅掉它，而只能是超越它並且連同它一起提升，只有這樣我們才會相互團結起來**，就像在一個大家庭中，每個人都瞭解彼此的弱點和其他各方面一樣。特別是在超越它時，才會存在一種彼此之間的互相聯繫和相互關愛。

一旦我們能夠以這種方式團結起來，我們就會感受到我們與周圍世界的和諧，感受到它的永恆和無限。我們再也不會感覺到自己的動物的身體，我們將會感覺得我們處於「人類」的精神層面上，這是一個與動物完全不同的層面，一個生命永恆的層面。我們的生命和這個世界都將不會有任何問題，我們對我們自己所處的這個物質世界的感覺將會消失（它只是一種小的維度上的存在，例如，存在於運動、地點、空間以及大約七十年時間等等）。我們將會發展出一種對待他人、我們自己以及整個宇宙的截然不同的態度。

弗拉迪米爾·摩爾查諾夫：謝謝您，教授。我在一生中可能犯過很多的錯誤，但有一個錯誤，至今仍自責不已。在八十年代末，我有一檔節目叫《午夜前後》，這在當時可能是全國最受歡迎的一個節目。有一次，在這個節目上，我放了一段名為《Vissarion》的節目，他自稱（或被他人稱為）新的救世主。那並不是我的節目話題，也不是我在和這個人對話，但是我想我犯了一個大錯誤。許多人開始對Vissarion感興趣起來，並由此發生了可怕的人類悲劇。我想問問您，您如何看待宗派主義？如何看待Habbad教派的？如何看待像這個Vissarion、歐姆真理教（日本邪教組織）和賽巴巴等的？

萊特曼博士：人類一直在尋找某種可以到達一種完美舒適的存在狀態以及提升到精神層面的存在的途徑，人們想要超越這個物質世界的束縛，他們不想處於時間、空間以及周圍其他力量的壓迫之下。從古至今，人們就一直對這個感興趣。當然，有些人非常熱衷於把這些東西賣給他人以滿足自己的私利，同時也有一些人，在不是很瞭解它的情況下，開始對它產生興趣，繼而變得著迷，頂禮膜拜。我認為，目前所有這些對新世紀理論、冥想等東方教義的狂熱癡迷將會很快消失，事實上，現在它已經開始在消亡了。

弗拉迪米爾·摩爾查諾夫：在這兒它會消亡，但是在俄羅斯，或在世界其他地方，它可能不會。

萊特曼博士：在俄羅斯，這一進程有一點稍微落後於自然的計畫，各種所謂的「精神方法」的興起可能比世界上其他的國家要晚。如，披頭四樂團在六〇年代開始風靡歐美，然而在俄羅斯，在八〇年代才開始出現，落後了三十年左右。但無論如何，它很快終有消亡的一天，但是，人類需要有這樣一段經歷所有這些事情的經驗。賽巴巴和其他那些組織都扮演著某種特別的角色，以便人類能夠儘快地度過被這些所謂的方法吸引的時期，並最終意識到它們是站不住腳的謊言或迷信。我把這一過程看作是自然而然的。

你可能也見過這張圖片，如果你重新調整你的視角和焦距，你的目光就會透過這張圖片，然後，一個多維或三維的圖像會突然顯示出來。開始時，看上去只是一些毫無意義雜亂的線條，然而當你穿透它們，這麼說吧，當你不是在直接看它們時，一幅新的圖畫便會從中顯現出來。

如果我們也能像這樣重新調整我們的視角和焦距，那麼我們也能夠透過這個世界紛繁複雜的各種表象，發現一個新的維度的存在，而實際上這個維度本身早就一直存在在那裡。而如果一個人可以在這個世界存在的同時又能夠同時存在於這個新的維度的話，那麼所有這些所謂的方法將不再對我們有任何影響。我們將會明白，**透過戰爭、仇恨或互相壓迫對方的方式，我們將永遠無法實現和平。事實上，我們這樣做只是在懲罰我們自己。畢竟，在現實中，整個人類社會都只能基於相互關愛才能存在的，如果一個人、一個民族、一個組織的存在與這種法則背道而馳，那麼他們首先毀滅的將是他們自己**。對此，我們將拭目以待。

如果人類能夠擦亮他們的雙眼，真正看到未來，清晰知道自己在整個宇宙創造過程中扮演的角色和未來將要到達的崇高目標，他們就不會有犯錯的機會，就像人們絕不會將自己的手伸入火中一樣。

弗拉迪米爾·摩爾查諾夫：我可以問您一個看上去有些愚蠢、幼稚的問題嗎？

萊特曼博士：當然可以。

弗拉迪米爾・摩爾查諾夫：首先，我簡單地講一下我的故事。我跟您提過，去年我和我的妻子一起拍攝了一部名為《里加集中營迴響》的電影。後來，我，一個絲毫沒有猶太血統的人，被猶太社區聯盟授予了「年度人物」的頭銜。然而，做為我們這部電影共同的創作人，我的妻子，卻沒有被授予任何榮譽。我獨自上臺領獎。在我之後，著名的導演馬克・羅佐夫斯基，也走上了領獎臺。他的妻子是他影院的經理，同時也是他的首席音樂伴奏師，但是她只能在幕後演奏，因為她不被允許上台。您對婦女持怎樣的態度？您也不喜歡她們嗎？

萊特曼博士：所有的宗教信仰，都將女性的地位擺在次於男性的位置。當人與人之間的和諧的缺乏對兩性之間的相互交流產生不良影響時，就形成了一個人類不得不面對的問題。如果我們去看看（又回到了同一話題）人類社會的和諧畫面，我們將會看到男性和女性是如何取長補短、相互補充的。如果我們能利用我們的知識，在家庭、社會、工作、創作中建立一種和諧的互補和互動，一切都將會有所不同。

儘管事實上美國人是如此極力地爭取男女平等，但是我不相信人類的權利會簡單地「平等」。因為，我們並不瞭解權利平等的真正涵義是什麼，它並不意味著讓每個人都成為單性的或者無性的人。**平等的權利意味著對被稱為男人或女人的這些生物——對其精神的內在的涵義上扮演的角色的正確理解，而不只是將生理機能的層面考慮進來。**當一個生物體處於一種情形，而另外一種生物處於另外一種情形，它們在動物層面上的舒適的共存才成為可能。**如果我們不能對男性和女性在其更高的精神層面的根源有所瞭解的話，我們將完全不可能實現男女平等。**

從卡巴拉的觀點看，在創造的男性和女性之間（陰陽、給予和接受兩種力量之間）存在著非常精細、嚴格的區分，自然將其力量被分成男性和女性、或陽性和陰性、正或負等等。我們沒有必要把它們混合起來或使它們在表面上平等起來。當人們瞭解了這兩個根源時，就會瞭解它們是如何相互作用，共同引導人類走向和諧的。

弗拉迪米爾·摩爾查諾夫：當我走進一個基督東正教教堂時，我注意到，那兒的大部分人都是無家可歸的孤苦女人，或者是有一些有家庭問題的女人。我很好奇，在您的學生中，也會有很多這種孤苦的、無家可歸的女人嗎？

萊特曼博士：我沒有女性學生。卡巴拉主要是為男性設立的，知識和精神的達成是透過男性傳遞給女性的，基於這個原因，我只接收男性部分。

當然，世界上有許多女性和我們一起在學習卡巴拉。她們透過聽課、看我們的書籍、聽演講等方式來學習。女性幫我們處理這些材料。我們組織中女性的數量已經達到了成千上萬人，甚至可以說有幾十萬人。然而，就我個人而言，我僅僅只教男性。我並不會因此覺得羞愧，也不會對此保持沉默。自然給男性注入了一股巨大的、邪惡的力量，正因為如此，他們有更大的空間來改正自己，需要改正的東西要比女性多。相比之下，女性與自然更加接近，她們與男性相比，其身上有著較少的邪惡，也就有著更少的機會或必要去改正自己。因此，首先我們需要改正的是男性這一方面。**我們看到這個世界上所有的邪惡是來自於男性而不是來自女性。**

弗拉迪米爾·摩爾查諾夫：我想，這就是我的妻子和馬克 · 羅佐夫斯基的妻子不被允許上臺的原因，也是您不允許女性走進您課堂的原因。

但將來這種狀況有沒有可能改變呢？

萊特曼博士：這種男女之間的差異將不會消失。在未來，當更多人開始探索宇宙結構、更高力量以及對這種知識認知時候，男性和女性之間的差別將會以一個適當的方式出現，但是它不會改變。我們不能中和自然。透過對卡巴拉的學習來瞭解自然，透過揭示影響著我們這個世界的更高世界的男女力量，我們發現了男性力量的（尤其存在於男性）影響、控制並推動著所有事件的發展。同時，女性的力量可以幫助男性並使其保持平衡。正是出於這個原因，特別是女性在推動著人類的不斷前進、繁衍生息，而不是男性。

如果男性力量不能被女性力量所平衡，不能被女性力量所伴隨，或者女性力量不能夠對男性力量做一些補充的話，人類也就毫無發展的前景可言。我無法用三兩句話描述清楚這件事情，但我要特別強調的是，卡巴拉強調**男性是邪惡的主要來源以及是影響世界的主要力量，也就是準確地說，是男性需要被改正。因此，人們對他們的態度多少是有些負面的**。

弗拉迪米爾・摩爾查諾夫：謝謝您。我知道在卡巴拉學家間有一種層級結構，您在其中也處於某種地位或級別嗎？而且，怎樣才能把一個真正的卡巴拉學家和假的卡巴拉學家區分開來呢？

萊特曼博士：卡巴拉科學起源於古巴比倫。第一位卡巴拉學家——亞伯拉罕，實際上是巴比倫王國的一位牧師，他製造並出售偶像，是一位偶像崇拜者，他為人們所尊敬。當被人們稱作為巴別塔的利己主義開始盛行的時候，亞伯拉罕——主要是因為他在當時是一個聰慧且有學識的人，設法弄清了已經顯現出來的利己主義的意圖，從而揭示了卡巴拉科學。卡巴拉學家告誡人們要脫離利己主義，這樣才能達到自然的更高層面。

亞伯拉罕從一些來自古巴比倫的人們成立了第一個卡巴拉團隊，而這個團隊存在了數千年。另一個偉大的卡巴拉學家是拉比西蒙．巴．約海，他撰寫了聞名世界的《光輝之書》，這是一本卡巴拉的根本性著作。當然，拉比西蒙．巴．約海和他的著作中所描述的內容具有權威性。還有一位偉大的卡巴拉學家是阿里 ARI（當然其間還有很多其他的卡巴拉學家），這已經是十六世紀了。他居住在以色列北部的 Tzfat，他一生留下了大約二十本著作。

弗拉迪米爾．摩爾查諾夫：為什麼是 Tzfat 成為了這樣一個卡巴拉學習的中心呢？

萊特曼博士：是的，它是當時的一個卡巴拉學習的中心。在阿里之後還有幾名卡巴拉學家，在這裡我只是列舉了其中最主要的幾位。在二十世紀以前，我們幾乎找不到一位像拉比西蒙．巴．約海和阿里（ARI）這樣傑出的卡巴拉學家。直到二十世紀，才出現了另一名傑出的卡巴拉學家，他對之前的卡巴拉智慧做了一個歸納，並且用一種清晰的、科學的語言將它描述了出來，這是一種大學課本裡使用的語言，一種我們所有人都可以閱讀和理解的語言。在他的著作裡面，他對所有保存至他所處的時代的所有卡巴拉原始資料做出了評論和闡釋。這個偉大的卡巴拉學家就是巴拉蘇拉姆 Baal HaSulam。他去世於 1954 年，他的長子拉巴什，巴魯克．阿斯拉格是我的老師。

我大約是在 1979 年遇見我的老師的，然後一起跟隨著他直到 1991 年。我一直跟隨著他學習卡巴拉智慧直至他去世為止，他是在我懷中死去的。因為他的名字叫巴魯克，在他去世後，我們把卡巴拉研究院命名為「Bnei Baruch」（意思是巴魯克的孩子）。

在以色列，我和我的老師一起，經常訪問那些潛心研究卡巴拉的卡巴拉學家們。在當時做為一個初學者，我陪同我的老師，與這些卡巴拉學家們見面，詢問他們問題，進而開始瞭解到怎樣才是一個真正的卡巴拉學家，以及如何把他們和其他人區分開來。

如今，要不是我缺乏相關的知識，就是再也碰不到這樣的人。那些當時與我和老師見面的人都已不在人世了。我們訪問他們，他們也回訪我的老師，那時我總是在老師身邊，也因此，當他們談話的時候，當他們在卡巴拉科學交談會上交流時，我都在場。如今這些人都已不在人世，而且遺憾的是，我也沒有找到能夠繼承他們的人了。

但是，《光輝之書》告訴我們當Pnei ha Dor Ki Pnei ha Kelev（可譯為「當時代的領袖們都有著狗一樣的面孔時」）時，人類必須達到一種狀態。換句話說，當時代的最好的領袖和精英們也變得如同平常人一樣渺小和功利時，這就是我們必須要達到的狀態。

弗拉迪米爾・摩爾查諾夫：我在莫斯科甚至是在基輔見過某些自稱是卡巴拉學家的人。然而，我注意到，他們對卡巴拉的興趣只是侷限於某些特定的護身符等等。我明白這一點。在俄羅斯的東正教堂，有人四下環顧美麗的聖像，並陶醉其中。聖像也是一件物品，這與信仰根本不知道有什麼關係。這是我的觀點。那麼，為什麼我們會要向一個人們所繪製的偶像祈禱呢？

萊特曼博士：在以前的時代，聖像是人們傳播信仰所必不可少的物品。畢竟，人們不知道如何閱讀，為了表達某些資訊，他們就會採取繪畫的方式。如果他們是在畫耶穌，他們就在畫像旁邊畫上一頭騾子；如果他們是在畫信徒保羅，又會有所不同。對於那些不會認字而需要藉助圖畫中的宗教故事來瞭解信仰的人來說，聖像的出現是非常必要的。所以，它以圖畫的形式傳播開來，然後人們就會很明確地瞭解當時被談論的是什麼。

弗拉迪米爾・摩爾查諾夫：這些被出售的護身符和卡巴拉有什麼緊密的關聯嗎？

萊特曼博士：不，沒有一丁點的關聯。在我們的這個物質世界裡，沒有任何事物跟卡巴拉是有關聯的——包括猶太教、基督教或者伊斯蘭教等的護身符，或其他任何你可以觸碰到的東西都與卡巴拉無關。

卡巴拉向我們講述一種人們脫離自己的物質肉體軀殼而存在的狀態，也就是說，一種脫離我們的動物屬性而存在的狀態。它與人們如何使用他們的手臂、雙腿做些什麼，或用他們的舌頭說些什麼都是沒有關係的，因為所有的這一切關聯都是完全錯誤的、不真實的，也可能完全是一派胡言。人們不知道事物是如何運作和存在的。所以，他們把這些護身符做為特別的、珍貴的東西來對待。然而，這些護身符本身是沒有任何意義的。

在這個世界上，卡巴拉並沒有將任何力量賦予給任何物體。它們都是毫無意義的，它們中的任何一個都不具備任何超自然的力量，那種現象在卡巴拉看來就叫做偶像崇拜。

弗拉迪米爾・摩爾查諾夫：請允許我問一個看似愚蠢的問題：俄國有一個諺語「與別人聯結就等於作繭自縛」（在俄國，這是個聽起來像「卡巴拉」的文字遊戲），但我找不到這句話的出處。

萊特曼博士：我覺得這個諺語與卡巴拉沒有任何關係。卡巴拉，或

Lekabel 在希伯來語裡的意思是「接受」。卡巴拉告訴人類要怎樣才能接受到無窮的、永恆的快樂，而這種狀態是超越我們這個物質世界而存在的狀態。而且，由於我們現在的狀態由於我們利己主義本性是與其利他主義的品格相對立，所以我們怎麼也接受不到它。畢竟，如果我想要接受到什麼的話，我首先得有一個對它的足夠的、適當的渴望。

比如，要想聽到某種聲音，我們的耳朵必須要調整到那個特定的對應頻率；同理，要想看到某種東西，也必須如此；其他的感官感知的原理也諸如此類。我們的感官經過調整適應之後，就可以對周圍世界裡一定範圍的東西做出回應。要收聽廣播，我們必須在收音機內部「創造」出一種可以對外界電波做出回應的相同波長（這在物理學上稱作共振效應），只有這時，我們才能聽到相應頻率的廣播。我們也有一種「振盪電路」，它可以再生一種與外界類似的電波，當我調整這個電路的頻率時，就能創造出各種不同的內部電波，就能捕捉並聽到那些夾雜在所有外界電波中的與自己的電波類似的電波頻率信號。

對更高世界的感知也同樣是如此。我必須先在我們自身內部調整好我們自己，在我的「振盪電路」上創造出某些與更高世界相似的頻率，這樣我才能開始感覺到更高世界。

卡巴拉告訴我們怎樣接受那些更高的資訊——從而感到滿足和快樂，它教會我們如何從我們自身內部創造出一個精神的接受的容器（Kli）。我看不出這個諺語和「卡巴拉」一詞有任何關聯，這大概是用其他語言吧，比如說土耳其語。

弗拉迪米爾．摩爾查諾夫：那麼請問，您有多少個孩子，多少個孫子孫女？

萊特曼博士：我有三個孩子。我的兒子住在加拿大，他跟一個法國女人結了婚，而且他們有三個孩子。在他工作之餘，他會幫助我在北美傳播卡巴拉。我的大女兒在以色列，她是一個生物學博士。她在一家大型科學實驗室工作，主要研究癌症遺傳學，她一生對此極感興趣，而且她也在這個研究領域實現了她自己的價值。而她的丈夫和我在一起研究卡巴拉，他是我的一個學生，主要負責俄語地區。我的小女兒正在特拉維夫市的一所大學攻讀哲學和卡巴拉博士學位。她現在未婚。

弗拉迪米爾・摩爾查諾夫：那麼，您是有三個孩子，三個孫子孫女，是吧？

其實，我問您這個是有原因的。您在某處曾經寫到，假如一個卡巴拉學家將來成為一個民族或者很可能是全人類的領袖的話，他除了改變人類的教育方式外，其實並不能改變其他任何東西。您是以什麼原則來教導您的孩子們的呢？

萊特曼博士：沒有什麼特別的原則。唯一正確的教導方法就是以身作則的示範。做為成年人所經歷的困難或任何其他的事物都不應該對我們的孩子有所隱瞞，我們應該展示給他們看，這樣他們就可以在他們這個層面上，弄明白為什麼成人們會這樣做，是什麼在支配著他們，然後做出相應的判斷和行為。

弗拉迪米爾・摩爾查諾夫：那我們應該向孩子們展示些什麼呢？請解釋一下。

萊特曼博士：首先，我的孩子們都知道他們的父親人生中有一個目標，那就是研究卡巴拉、教導和指引他的學生以及將卡巴拉智慧在全世界範圍內廣泛傳播，因為這是我們全人類的最後拯救。這看起來像一個很強烈的宣言，但我深信全人類的拯救都有賴於卡巴拉智慧，這隨著全球危機和各種災難的發生顯得愈加緊迫。

弗拉迪米爾・摩爾查諾夫：不好意思，請問是他們長大後才開始瞭解這些的嗎？

萊特曼博士：不。他們知道這就是我們的家庭存在的原因，他們知道這就是我生活和存在的全部意義。他們能感受到，能理解到這些。我二十四小時的工作、三十年以來每天凌晨三點就開始的課程，出版各種不同語言的著作、旅行、會議——所有的這一切，都是圍繞著這個目標而進行的。

弗拉迪米爾・摩爾查諾夫：您一般什麼時候睡覺？

萊特曼博士：我睡得很早，晚上九點或九點半時我就已經睡著了。

弗拉迪米爾・摩爾查諾夫：我們還是回到您孩子這個話題。在某些國家，例如日本，孩子們可以做所有的事。通常，在俄羅斯，我們會經常聽到，「別碰！把它放回去！不要動！」在您的孩子小的時候，您不允許他們做些什麼？

萊特曼博士：我甚至不知道那時我做得是對還是錯。在那時，我沒有時間去照顧和教育我的孩子。我 1974 年回到了以色列，在大約一兩年的時間裡，我找到了有關生命意義的答案，那就是在卡巴拉智慧當中。做為一個生物控制論學者，這是我一直都在努力尋找的。那個時候，我也一直在考慮把生物控制論和卡巴拉結合起來（畢竟，所有的進步都是來自於不同學科之間的融合）。我想在科學上有一個新的突破。直到我意識到生物控制論阻礙了我的研究、直到我開始二十四小時沉浸在卡巴拉中的時候，我是做為一名科學家對卡巴拉開始著迷的。而且我還有自己的生意需要打理。我的父母都是保健專家，他們來到了以色列。我也開了一家私人診所，並在幾年內賺了很多錢，這些錢足夠讓我在我老師有生之年一直陪在他的身邊。我一天只工作幾個小時，而那時，我的老師已經八十歲高齡了，我需要從他那繼承他所有的智慧衣缽。

因此，在我不經意間，孩子們的整個童年就這樣過去了，我都沒有注意到他們什麼時候就已經長大了，什麼時候開始長高。如果你現在問我，我的女兒在上幾年級，我想我一定答不出來。

弗拉迪米爾·摩爾查諾夫：我知道，您的孩子是由您的妻子（您不允許進入課堂的許多婦女之一）一手撫養長大的。

萊特曼博士：她瞭解我，也一直支持著我。我妻子很瞭解我的老師，我老師也非常重視她。當他的妻子去世以後，我的妻子為他做飯，並且幫助我盡可能地來支援他的事業。她做著偉大的工作，總是默默的支持著我們。

當我們談到對兒童的教導，我談及的是涉及卡巴拉的部分，在任何領域，這些問題都可以受到啟發。卡巴拉認為，一個人不可能教育另一個人——無論是社會中或是自己的孩子，除了透過以身作則的實例外別無他法。

弗拉迪米爾·摩爾查諾夫：但是很遺憾，這種事情在生活中不可能總是發生，教授，您講的是非常有趣的精神層面上的問題，用的都是高深的術語，但是您看起來並不像一個超脫世俗的人。

萊特曼博士：卡巴拉不允許我成為這樣的人。

弗拉迪米爾・摩爾查諾夫：我想問一下，您喜歡吃肉嗎？您可以喝葡萄酒還是伏特加酒嗎？您喜歡音樂嗎？您有可能去跳舞嗎？

萊特曼博士：我喜歡每一件事情。

弗拉迪米爾・摩爾查諾夫：每一件事情？

萊特曼博士：是的。

弗拉迪米爾・摩爾查諾夫：您是一個跟我一樣的人嗎？

萊特曼博士：是的，請不要介意，或更甚。

弗拉迪米爾・摩爾查諾夫：如果不介意的話，我想問您最後一個問題。為什麼有關卡巴拉的所有東西都有些神祕？為什麼卡巴拉智慧是如此的封閉？難道您偉大的老師，卡巴拉學家巴拉蘇拉姆 Baal Ha Sulam 七十年前不就說過，卡巴拉需要為更廣泛的人們所熟悉嗎？

萊特曼博士：但是誰想要這些知識呢？這些「更廣泛的人」又在哪呢？請告訴我。

我到目前為止出版了大約三十本著作，以幾十種語言在世界各地發行（具體多少我也記不清了），它們被譯成數十種語言；我們的網站對所有人開放；我們也舉行講座；我們在俄羅斯、美國、以色列，甚至在印度發放免費的報紙。但是，那些表示更廣泛興趣的的人們在哪呢？直到在十九世紀末以前，卡巴拉一直是被隱藏著的。到了二十世紀，尤其是到了二十一世紀，它才慢慢地揭開她神祕的面紗。

在以前的時代，有很多的神話圍繞著卡巴拉，但人們仍然想瞭解卡巴拉，並試圖為了某種利己的目的杜撰一些這方面的知識。如今，卡巴拉已經對所有人開放了。它之前被認為是一個神祕的事物，是卡巴拉學家們故意隱藏其教義的結果。他們一直在等待著人類能夠理智地認識到當今的危機，從而自覺去學習卡巴拉，而不是寄希望於護身符一類的東西的時刻的出現。這個階段才剛剛開始。

另一方面，卡巴拉之所以被認為是一種神祕主義教義，是因為它揭示了我們五官感覺不到的那一部分自然。人類在沒有發展成熟到一定程度時，是不可能接受卡巴拉智慧的，而且，如果大家在利己主義的發展道路上都很幸福或者感覺到前景一片光明的話，也不太可能相信這種既看不見又摸不著的智慧的，更何況卡巴拉智慧就是針對和改正我們的利己主義本性的智慧。

在我們沒有由於各種由我們自己的利己主義本性給我們自身造成的苦難，使我們對自己的本性開始絕望之前，我們一定是很難接受卡巴拉，甚至會天生抗拒卡巴拉的。這也是卡巴拉智慧被歷代卡巴拉學家精心保護和發展著，並被故意隱藏起來的原因。而正是這造成了卡巴拉一直以來的神祕感。但是，在人類發展到了今天這個時代，按照我們所有人類文明發展道路選擇的初衷，任其為文藝復興，還是工業革命還是其他任何變革或主義、道路，我們都在選擇的時侯，相信我們人類在二十一世紀的今天應該已經解決了所有的問題，社會、經濟應該已經是空前繁榮，人民生活應該是非常幸福了。

但是，現在我們都開始意識到我們的發展一定在哪裡出了問題。人類從來沒有像今天這樣，整個世界無論是世界領袖，科學家還是經濟學家等等都突然喪失了前進的方向感，我們也第一次感到我們的未來可能不會比今天更好。

危機和災難正在越來越頻繁地打擊著我們。我們開始變得手足無措。

甚至相信世界末日就要到來。而人類目前這種危機和災難四起的狀態，卡巴拉學家早在幾千年前就已經清楚地知道，並一直在耐心地等待這個時代的到來。並為這個時代的到來而感到歡心鼓舞。我們這個時代在卡巴拉智慧當中被叫做「最後一代」（Last Generation），但卡巴拉不像其他的教義或學說把它當作是世界毀滅的末日，而是人類將要提升到另一個存在維度的起點。也是人類真正可以發揮自己的自由意志的年代到來的開始。從現在開始，全人類最終都要透過卡巴拉瞭解宇宙創造的奧祕和生命存在的意義。

弗拉迪米爾・摩爾查諾夫：真沒想到宇宙還有這麼多的奧祕等待我們去發掘、去探索，生命要真的像您講的是有意義的，那該有多好啊！但我們怎樣才能實現它呢！我怎樣才能看見未來，看見創造的終極目標，進而相信未來，自覺自願地配合自然去實現這個宏偉的目標呢？

萊特曼博士：這就是人類需要第六感去感知精神世界的原因。但我們需要藉助卡巴拉智慧來開發它。我們每個人都擁有第六感的潛在狀態，而卡巴拉可以幫助人們去開發它。突然之間，人們能夠開始感知到這個宇宙是如何呼吸的，他開始感知到那些力量是如何穿透物質並影響我們的；而我們，反過來也能夠與它們相互作用。一個人開始感覺到與整個宇宙的和諧。

物理學家和生物學家們也在談論宇宙和諧的存在，甚至發現所謂暗物質的存在。但事實上，他們只不過是在透過他們的五官在測事物而已。

然而，卡巴拉卻是透過一種「第六感」真實地去感知事物的。這樣，一個人就能夠感知到永恆的、和諧的、完整的自然，而他的精神也實際存在在那裡。所以，我希望全人類都能夠儘早地到達這種境界。

弗拉迪米爾・摩爾查諾夫：謝謝您，教授。今天您給我揭示了很多有趣的事情，其中許多都非常發人深思。我希望今天收聽和觀看我們這次談話節目的人們，也都能夠從中受到啟發、有所感悟。

OCCUPY

ECOLOGY
CRISIS

第三部

萊特曼博士有關危機和解決之道的演講和對話

危機和解決之道

萊特曼博士於 2006 年在瑞士阿蘿莎「世界智慧理事會年會」上的發言

內容：

- 危機
- 利他主義是生命的法則
- 衝突的形成
- 持續的快樂只有在利他主義的願望中獲得
- 解決這場危機的長路與捷徑
- 社會中的利他主義者和利己主義者
- 解決危機的計畫
- 創造一個新的文明
- 拯救人類的團隊

1 危機

人類面臨的全球危機是明顯的。抑鬱症、毒品濫用、家庭的解體、恐怖主義、不可持續的社會系統、核武器危險和生態災難的威脅等，都是這場危機的表象。歐文 · 拉斯洛教授的新書《混沌之點》提供了一幅有關這場全面的全球危機非常清晰、內容豐富的畫面。

日益增長的使用核武器的危險使得人類的生存威脅感更加迫切。許多科學家相信人類已經沒有多少時間，可以用來防止這次危機升級為一場世界性核戰爭或一場全球性的生態災難。即使危機的種種跡象都已經很明顯，但做為慣例，這場危機的存在和嚴重性卻被各國政府、社會團體、科學家、社會學家和心理學家故意隱瞞了起來。之所以故意隱藏，是因為隱藏它的人也不知道有什麼辦法可以改變目前的這個狀況。因此，這種鴕鳥政策只會使這個問題加劇並加速那個即將到來的災難。

一個有關醫生的諺語說：**對疾病的準確診斷就等於治癒了一半。對我們的病症的隱瞞和對它的嚴重性的低估都將直接構成對生命的威脅**。雖然整個人類文明面臨的主要問題是克服這次全球性危機，但要解決它，首先需要解決的嚴重問題是向公眾解釋這場危機的嚴重狀態。

如果公眾明白並接受這場危機的原因，就這件事本身而言，就會有利於危機的解決。今天，**很多人仍在科學、技術、文化和社會進步的各方面尋找一種對這場危機的解決方案，他們忘記或者根本不知道正是我們對在那些方面取得的進展的依靠，將我們引領到了目前這種不幸的狀態。**

若要防止危機的進一步升級，我們需要：

1. 承認危機的存在；

2. 揭示原因；

3. 認識到有另一種解決危機的方法和可能性的存在；

4. 設計解決危機的計畫；

5. 執行這個計畫。

遺憾的是，不只是人類、人類社會處於一種危險的臨界狀態，整個自然界也連同我們一起正在向一場大災難靠近。因此，要明白這場危機的起源，我們必須分析自然本身的性質的基本原理。

2 利他主義是生命的法則

利他主義被定義為照顧一個人的同伴的福祉。對利他主義的研究顯示它不只存在於大自然中，它實際上是每個有生命的身體能夠存在的根本的基礎。

一個生命體是一種從它的環境中接收其生存所需並且同時給予它的環境的一種機體。每一個生物體都是一種包括各種細胞和器官的組合體，它們以一種完美和諧的方式共同工作並相互補充。在這一過程中，他們有義務讓步、影響和互相幫助對方。以「人人都為整體」這個利他主義為原則將細胞和器官團結為一體的法則在每一個生物體中都運行著。

相反，所有物質的本質都是由不同程度的一種想要被能量、活力和快樂所充滿的願望（慾望）組成的。這種願望的強度創造出自然界中的各種層面的存在：從無生命層面到植物層面、動物層面、人類層面等。那個慾望的強度也決定了在這些層面中的每一個過程，並構成和形成了在我們面前的這個世界中的每一種現象。每個更高的層面都是一個更大的願望（慾望）的一種外在表現，並包含著所有以前的各個級別的願望（慾望）。

透過在「人人都為整體」這個利他主義的原則下實現自然的統一，我們開始認知到人類現象和人類在這個世界的地位的唯一性。與自然的其他層面相比，人類的獨特性不僅在於人類的慾望的力量和特點，而更在於這樣一種事實：人的慾望是在不斷變化並且不斷進化發展著的。因此，人類的慾望是推動和發展文明的背後的推動力量。

在整個自然中，自然所有層面的存在，都只消耗它生存的必需品，只有人類是例外。人類渴望更多的食物、更多的性愛和更多的物質享樂，遠遠超出他們生存的基本需要。這種狀態在只有人類擁有的那些慾望中，也就是在人類對財富、權力、榮譽、控制和知識的（無止境地）追求的那些慾望中表現得尤其明顯。

為了生存所需想要得到的東西不屬於利己主義的願望的範疇，它只是自然的天性而已，因為它們來自於大自然的命令。這些慾望在非生命、植物、動物，以及在人類的身體層面都存在著。只有人類的那些超過自身存在需要的慾望才是屬於利己主義範疇的。

除了人類的慾望呈指數級快速增長這一事實之外，人類也從貶低別人或看到別人受苦中獲得快樂。這些慾望都不是自然賦予我們的特性，而是透過教育和社會環境的影響灌輸給我們的。我們的這些慾望的繼續進化發展代表著我們的進化演變尚未完成。只有這些願望才可被認為是利己的還是利他的，而這要根據使用它們的意圖和目的是什麼，才能判定它們可以視為是利他主義的還是利己主義的。在目前情況下，它們的演化發展產生了伴隨著一場全面危機的到來。正如以上所述，除了人類的自我之外，大自然中的所有力量都是平衡的，並形成了一個單一的系統，而且在其中只有人類在擾亂著它們的和諧。

自然中的一切都是互相連接在一起的，並且渴望在其自身內以及與周圍的環境之間取得平衡。違反了這種平衡就會導致一個有機體的解體、疾病和身體的最終死亡。維持和恢復平衡的可能性是一個生命存在的必要條件。

3 衝突的形成

在整個自然中，只有人類對他人和自然的其他層面的存在有著惡意的企圖。沒有其他的生物在危害、貶低、剝削利用另一種生物，也沒有另外一種生物從壓迫他人中獲得快樂，或將自己的快樂建立在別人的苦難之上。**人類以犧牲其他人達到自我提升為目的，對其慾望的這種利己主義方式的使用，導致了與周圍世界的一種危險的不平衡的產生。人類的利己主義是整個存在中唯一的破壞性力量；因此，世界將不能維持其存在，除非人類改變我們對待社會和自然的利己主義的方式。**

一個身體中一部分的利己主義細胞會導致整個身體的死亡。如果一個生物體中的一個細胞開始對其他細胞形成利己主義的關係它就成為了一種癌細胞。這樣的一個細胞會開始消耗它周圍的細胞，漠視其他細胞或整個有機體的需要，並因此最終消滅包括其本身在內的整個身體。這同樣適用於人類對待其賴以生存的自然的利己主義使用方式：為了自己的發展，和自然的其他部分相分離，而不是做為自然的一個組成部分，利己主義將導致一切都走向死亡，包括其本身。

細胞之所以能夠生存、發展和繁殖，只能是透過做為一個整體的交互作用才能實現。利他主義的交互作用功能在每一種存在中都在正常發揮著其功能，除了人類。但也只有人類被給予了某種自由意志，使得他可以充分認識利他主義的需要，並開始自覺自願地遵從自然的這個利他主義的普遍法則。

全球化與人類社會的進化演變，迫使我們將這個世界看作是由對立面組成的一個單一的統一整體。對周圍世界的研究揭示了其所有部分之間的相互聯繫、他們的因果發展關係，以及他們的行動目的。這個世界的完美有賴於組成它的所有元素的團結；這只有透過自然中所有部分的共存，並且只有當每個部分都是為了維持整個系統的運轉而行動時，才能實現。

正如前面提到的，除了人類，自然的所有部分都嚴格履行其事先被賦予的功能。因此，很明顯人類的問題是要與自然平衡每人過多的那些慾望，並成為它的一部分，做為一個單一的整體去行動。以不同的方式表達即是：**人類的使命就是將其利己主義本性轉變成利他主義**。

4 持續的快樂只有在利他主義的願望中獲得

快樂只在一個願望（慾望）和它的滿足之間的那個接觸點上被感覺到。在一種快樂滿足了它的願望的那同一個時刻，因為那個願望接受到了它想要的東西，那個願望也跟著消失了。接下來的結果是，快樂也會隨著這個願望的消失而消失。

因此，願望（慾望）越大，一個人滿足它時隨後消失而產生的空虛也就越大。這個空虛和我們的慾望的不能被滿足迫使我們不斷尋找新的滿足，並將我們整個的生命消耗在這種追逐永遠無法滿足的遊戲當中，直到我們耗盡自己死亡為止。

這種利己主義產生的「進退兩難」境地的解決方案存在於利他主義式的滿足中。在利他主義的滿足過程中，願望滿足的地方與願望本身存在的地方位於不同的地方，因為對利他主義而言，我是從使別人獲得快樂那裡得到我自己的快樂。因為我的快樂存在於別人那裡，它就不會與我的願望（慾望）發生中和進而消失產生空虛的問題，因此，我越是滿足其他人，我就越能從別人從我這獲得的快樂當中享受到更多的快樂。這個方法正是我們大家都如此地想獲得的永恆的快樂的原則。

5 解決這場危機的長路與捷徑

一個人可以透過兩條路徑最終達到我們的利己主義本性是所有邪惡的根源這樣一種認知狀態。其中一條是透過痛苦的路徑，而另一條是透過改正的相對短得多的路徑來實現。而且，那條痛苦的路徑實際上不能稱作一條路徑。它只是沿著時間的長軸的一種推移，直到那些所有可怕的後果都由人類的愚蠢固執和利己主義將其顯現出來為止，而這正是我們目前所走的路徑。

然而，一個人一旦累積了足夠程度的痛苦，意識到改正自己的利己主義比停留在利己主義狀態中承受痛苦要好得多的時候，他就會開始努力去改變（改正自己的利己主義）。因此，除了沿著那條充滿了痛苦的長路之外，存在著另一條既短又輕鬆的路徑：改正利己主義自我的路徑。

這條路徑使得我們可以在遭遇那些苦難之前，就獲得有關這個世界的結構、創造的藍圖、它的因果關係以及其存在的目的等相關知識。透過這些知識，我們加速了認知我們的利己主義本性是唯一的邪惡的認知過程，透過在痛苦的壓力下認知到利己主義的邪惡，認知到是我們的利己主義本性帶來了這一切災難和危機，進而採取對其改正的行動，從而避免那些大災難的發生。

雖然看起來我們是可以隨心所欲地做任何事情，但事實卻是，我們只是在按照我們內在基因的命令在進化發展著，並同時服從社會環境對我們施加的影響。這些影響和我們的內在基因確立了我們的所有價值觀，例如環境告訴我們變得有權有勢和富裕是多麼地好……等等。在我們短暫的生命中，我們努力工作只是為了博得社會的認同，贏得我們在維護它所塑造的價值觀方面是如何地成功。但在最後我們離開人世的那一天，我們卻發現我們根本不是為了自己在活著，而只是為了努力博得在我們的孩子、我們的親人、我們的熟人和社會的眼中的那份榮耀而曾經活過而已。

今天的社會環境將塑造明天的你，因此，要想改正，我們必須改變社會的價值觀，改變他們設定的那些標準和他們對成功的定義。因此，能否成功地解決這場危機取決於社會的價值觀的改變，取決於正確的價值觀的確立，而價值觀正確與否，只能以在促進人類實現其在創造的鏈條上的使命，也就是生命存在的意義做為衡量標準。因此，如果我們想要避免痛苦和毀滅，想要輕鬆快速地到達一種新的文明，我們必須傳播這種有關危機、它產生的原因和如何改正的知識。

6 社會中的利他主義者和利己主義者

根據科學家的研究(或說法),利他主義者約佔人類的10%。利他主義者在社會中的百分比是恆定的。這個百分比是由基因決定的,是不受家庭、教育和社會等外部條件的影響而存在的。利他主義者不會消失,利他主義的基因隱藏在每一個人的內部,並且是不能被消滅的。**雖然在任何社會中利己主義者的比例都佔到90%,但在任何社會形態中,文化、科學、藝術、宗教、道德、律法和教育都是完全基於這10%的利他主義的概念而建立起來的。**

之所以如此,是因為利他主義行為是對所有人都有利的。利他主義規則在教育中佔主導地位:學校教導我們要成為利他主義者,告訴我們要誠實、勤奮、尊重他人,與其他人共用我們的所有,友好,並且愛我們的鄰居。所有這一切發生的原因是因為利他主義是對社會有益的。

生命有機體的生命法則教導我們:一個生命有機體的存在取決於其所有部分的合作工作。出生時就是利他主義者的那些人自然地從事著利他主義的行動,但在利己主義者看來,這種行為是根本不可能的。儘管身體中的細胞天生都具有自私自利的性質,但是,對生命體的存在法則的意識,使得一個身體中的每個細胞都採取利他主義的共存方式。

同樣地,在自私自利的人類社會中同樣存在著對利他主義行為帶來的好處的認知。在這個世界上沒有人公開地反對利他主義行為。相反,所有組織和個人都宣傳他們的利他主義行為,並且引以為豪。沒有人會公開反對利他主義的理想在這個世界上的傳播。因此,顯然,使人類可以快速地並且容易地導入到一種新的文明的成功僅僅取決於團結那些利他主義的組織以及對這一資訊的傳播。

7 解決危機的計畫

利他主義的力量的目標是在社會中形成利他主義的價值觀。要想將我們的利己主義改正為利他主義，就必須改變我們的關注事項和價值觀的等級結構。我們必須相信，給予社會是比從社會索取更為重要和有價值的觀念。換而言之，每個人必須感覺到從給予社會的行為中比從社會中任何利己主義的索取行為當中能夠獲得更大的快樂。

公眾意見是促進這一目標得以實現的唯一手段，因為每一個人一生中最重要的事情就是博得社會的認同和讚賞。**人類是以接受社會的贊同作為生命目標的方式被創造出來的。這是一種固有地內藏於我們中的程式，以致於每個人都否認自己的每一次行為的目的是為了獲得社會的讚賞**。我們採取行動的動機這個問題在我們不經意間就捕捉住了我們。我們可能會聲稱我們的行為是出於好奇或甚至是為了金錢，但我們就是不願承認那個真正的誘因——也就是為了獲得社會的認同！

以上所述，人類是以一種人類所處的環境決定了他們的偏好和價值觀的方式被創造的。我們是完全地並且是非自願無意識地受到公眾的意見的控制的。這就是為什麼社會可以將任何行為方式與任何價值觀賦予其成員，即使是那些最抽象的行為。現代的商品消費系統在社會上佔據著統治地位就是一個很好的例子。因此，社會在有系統地創造著人為的價值觀和消費時尚，從而進一步推動消費。

為了在人類社會中形成利他主義的價值觀，人類社會中的那些利他主義的部分應該團結起來並影響大眾傳媒、各種教育機構和各種形態的社會團體。

社會公眾應該獲得以下方面的知識：

1.這個世界的本質及其整體性（完整性），它的目的以及程式；

2.危機的本質；

3.危機的原因——人類自私自利的本性；

4.克服危機的唯一可能性是改變人的本性。

全人類正處於一個危險的緊急關頭，這需要人類——出於對自我毀滅的恐懼——利用大眾媒體和所有可能的手段去頌揚利他主義的終極價值（見附錄中的更多詳細資訊）。公眾輿論連續地、有目的地形成一種公眾意見，將為每一個人提供一種迫使他給予社會的環境。

對社會的職責的改良將需要對教育系統和教育規劃的改變，並從很小的時候就開始。此外，它將需要在教育和文化的所有領域都做出根本的改變。所有媒體都將不得不根據人們對社會整體利益的貢獻來讚美和評估事件，以創造一個以弘揚愛和給予為主導價值觀的社會教育環境。使用大眾傳媒、廣告、教育等一切手段，這種新的公眾輿論應公開地和堅決地譴責那些自私自利的行為，並且頌揚做為終極價值觀的利他主義行為。

透過社會有目的的影響，每一個人會渴望只是從社會那裡接受生存所必需的，而且都不遺餘力地去造福整個社會，以便獲得社會的讚賞。

在開始階段，每個人都將在環境的脅迫和影響下去造福社會。但社會認同帶來的支援將為之提供一種這樣的滿足感，以致於人們將開始評估將給予社會做為唯一的終極價值觀，即使沒有從環境中獲得這種給予行為的報酬。這個過程將人類意識的水準提高到一個新的文明的水準。

由於世界的這種利他主義力量的行為將會導致這個世界與自然取得平衡，人類將會獲得自然的全力支持，表現為危機和災難的症狀將全面減少。與自然的越來越相似會在生態和社會層面中產生一種積極的轉變。

8 創造一個新的文明

人類從利己主義的文明到利他主義的文明的過渡將分兩個階段展開：

1.在地球上所有利他主義的元素的團結統一。

2.將整個人類包括進來。

9 拯救人類的團隊

一個促進世界的利他主義（組織和個人）團結的中心應該被建立起來。

利他主義者佔據了整個社會的 10%的比例。而那些利他主義者中間的 10%也就是全人類的 1%具有更高的積極性，他們已經是準備好立即採取利他主義行動的一群人，而利他主義者中間的另外的 90%不具備這種同樣崇高的動機。因此，後面的這 90%部分還未準備好獨立地行動，但他們將被動地協助完成這個使命。

我們屬於那些利他主義者中間的那活躍的 10%，也就是全人類的 1%。因此，設計一項行動計畫，並開始積極地實施它是我們的責任。

這個承諾需要我們避免空談，擁抱並支持這項計畫，並開始立即實施它。

人類的這 1%的小小團隊正是那個可以發展和傳播這個利己主義的自我的改正方法的團隊。歷史表明，進步的思想總是源於小的團體。自然，我們的中心應包括這 1%。

人類的那自私自利的 90%永遠不能團結起來，而這正是由其自私自利的本性造成的。

因此，儘管我們只是 1%，但當我們團結起來時，我們將成為一股強大的力量。

此外，我們需要創建一個協調中心，在一個利他的世界議會的領導下去團結世界上的一切利他主義力量，而組成這個議會的成員的基礎就是 WWC（世界智慧理事會）的成員。這個中心將生產宣傳資料，旨在團結這個世界上的那 10%的利他主義元素。

傳播這一「新的文明」的理念應從那些利他主義者中活躍的那 10%

的人開始（人類的 1%）。因為利他主義者關心全人類的福祉，他們是被自然準備好的。

為此，我們應該在全世界範圍內參與所有的利他主義社會團體中，並最終與他們在新文明概念的基礎上團結起來。

II

和平的希望

萊特曼博士 2006 年 1 月在瑞士阿蘿莎「世界智慧論壇」上的演講稿

You are looking for the cause of evil. It is only within you.

—— Jean-Jacques Rousseau

你在到處尋找邪惡的根源嗎？它僅僅存在於你自身內部。

——讓·雅克·盧梭

這個世界將不可能這樣存在下去，除非人類改變他們的態度，即從利己主義的接受轉變為利他主義的給予。我們的利己主義本性確實是整個宇宙中僅有的破壞性的力量。除了我們人類的自我之外，這個世界的所有其他力量都是相互之間處於完美的平衡狀態的自然力量。在其中存在著以我們的理解、站在我們的立場評估看來是「積極的」或「消極的」的力量。然而，無論如何他們都是由那個單一的自然法則所啟動和維繫著的，它們在靜止層面、植物層面和動物層面都處於一種完全的和諧狀態。

在過去，我們以為這種和諧不存在；我們急於消滅自然中那些似乎對我們「有害」的部分。我們在干預大自然的過程中遭受的痛苦經歷，表明在自然中一切都是相互關聯的，所有的一切都存在於或渴望達到一種自我平衡的狀態，也就是各個層面的組成部分之間與物質的各個層面之間都要達到平衡。

自我平衡穩態代表任何生物體的內部與外部之間的平衡，雖然大多數情況下，它指的是那些有著自我調節功能的（生物的）身體。任何身體只有在其內部和外部的參數之間的相似性得到維持的狀態下才有權利存在。如果違反了這個相似性，平衡就遭到破壞，當超越它的一些極限時，那個身體的毀滅就會開始。在自然的所有層面重新建立這種自我平衡穩態的可能性，是生命是否能夠延續的保證。

但是，儘管一切都相互對立，自然界中的積極和消極的力量彼此之間都是處於平衡狀態的，只有在進一步發展成為必須時，一些平衡的極限才會被打破，自然界中唯一的部分，那個超過平衡的極限並給自然的所有層面都帶來危害的唯一生物就是我們人類。

我們的利己主義造成危害，在自然界中，沒有任何其他生物是利己主義的。即使一個動物吃掉另一個動物，這些現象也是根據自然的法則而發生的。一種生物吞噬另一種生物是根據其自然的本能而不是出於有意的傷害。除了人之外，在自然界中，沒有任何其他生物對他周圍的一切試圖損害、使用、剝削，或者當感覺比他周圍的人處境優越時經驗一種快樂的感覺；只有一個人可以在另一個人的不幸中感到快樂。

自然界中沒有其他生物以這種方式對待它的鄰居和環境。動物努力爭取的是食物，而不是相互造成傷害。自然已經精確地為它們準備好了需要什麼以及需要多少才能生存。所以，如果人類不破壞那個自然的平衡，自然的所有部分都會存在於和諧當中。從一旁觀察就可發現，可能會出現一種生物正在消耗另一種生物的情況。但是，沒有一個食肉動物的實際消耗會超過其生存的必要或累積不必要的食物。每個生物的行為都服從自然的命令——只有人類例外，人類要求整個世界都為他自己服務。

所謂利己主義，是指對除了那些不可或缺的生活所需之外人類的那些額外的需求。利己主義，是存在於一個人中超出他的物質的需要，超出他身體的基本需求的一種額外的慾望和力量。認識它是這個世界上唯一存在著的有害的願望和力量是有必要的，並且它是所有苦難和痛苦的真正根源，我們所有的痛苦都源於對這個過剩的超量的願望的不正確使用，因為它的使用是自私自利的。這個超量的部分，這個超過生活必需的多餘的部分，必須轉變為給予。唯有如此，我們才會重新獲得與自然的平衡。

自然界中，除人類之外，沒有任何其他生物具有這樣一種顯著的機會可以展現其獨立的行為，也沒有任何其他生物可以自由地選擇他們的行動的意圖——或者以自我放縱為目的去索取，或者給予他人。沒有任何其它的生物可以有能力要不是自私自利地接受，就會是利他主義地給予。如果能夠正確使用這個多餘的願望，一個人就可以提升到創造者的層面，成為自然中一個獨立自主的部分。但當一個人以其他方式採取行動時，一個人達到的將是一種自我毀滅的狀態。

1 社會中的利他主義

直到人類的利己主義這一追求快樂的願望發展到其頂峰並且在當代不斷顯現為止，這個世界並沒有感到其巨大的利己主義。那個利己主義的顯現，也就是與自然的總體的利他主義法則的衝突，與那個法則的不一致性，在人類當中導致了各種痛苦、疾病與死亡。另外，由於自然的所有一起代表著一個單一的利己主義，因而，腐朽和死亡也表現在自然的所有層面上——靜止層面、植物層面和動物層面。

我們與自然的對抗已經導致人類面臨一場普遍的危機。這場危機不是來自上天的報復，也不是我們對生態的粗暴干預的結果。它是由於我們不遵守那個自然的利他主義法則而造成的，也就是每個人只能消耗維持其自身存在所必要的量而將盈餘貢獻給社會。如果人們已經改正了他們的利己主義意圖，如同一個身體中的細胞那樣，每個人都只為整個人類（身體）的福祉而行動，並且，對大自然和其環境也採用了相同的態度的話，我們將只會接收到來自自然的好東西。這是因為如果是那樣的話，我們將會與那個終極的根源層面取得平衡——也即和創造的思想取得平衡。

那麼，人類怎樣才能認識這種變得與自然類似的必要性呢？利己主義者如何才能得出利己主義是唯一的邪惡這樣一種認知呢？答案是，只能是出於絕望。在一個有生命的身體中，行為是被自然的力量改變的。然而，在人類的那個「身體」中，改正卻不會來自自然的力量，而是透過對這個邪惡的認知，也就是認識到利己主義是其所有苦難的根源的這樣一種認知。

這種對邪惡的認知可以透過痛苦的、漫長的路徑或透過一個改正的捷徑得以實現。但是，那條痛苦的路徑其實不能算是一個路徑；它只是在利己主義的發展框架中，認知到那個邪惡所需要的時間的推移而已。

然而，在這條路徑中除了痛苦程度的累積之外，沒有別的任何東西留給人類。一個人最終會透過其自身的利己主義程式算計得出如下結論：**改正自己的利己主義要比繼續遭受痛苦好得多，並因而努力去實現獲得和自然的相似性。**

卡巴拉學家和生物學家的研究都推斷出利他主義者只佔人類的10%，而人類的其餘部分都是自私自利的。因此，那佔地球上人口10%的利他主義者必須首先改正。他們還必須將有關那個危機的根源和拯救人類道路的知識帶給人類的其餘部分。這就是一個人類這個生命體重新復活的順序。

對於利他主義來說，利他主義的行動是與生俱來的。而對佔人類絕大多數的利己主義來說，為了整個社會的福祉而做出的給予行為對他們來說是看起來無法忍受的。然而，那些掌控著生命有機體重要功能的法則告訴我們：**如果一個身體認識到它的存在僅僅而且完全只取決於它所有的細胞之間的分工合作時，那麼，它的那些單獨看起來都是自私自利的細胞，就會以利他主義的方式共存下去**。雖然每個個體細胞還是自私自利的，但是在一起，在同一身體內，它們的工作卻是以利他主義的原則而工作——它們聯合地、互惠互利地，而且只為整個身體的利益而工作。

因此，**透過強制和脅迫的方式迫使每個人都給予社會不是目標。取而代之的目標應該是幫助人們認識這樣一個事實：我們每個人個體的存在和福祉，都完全取決於社會整體**。而且也只有社會可以影響每一個人，能夠觸發一個人的行為方式從接收轉變為給予。

人類是完全依賴於其賴以生存的社會環境，而且我們所做的一切也都是為了贏得社會或我們的家庭對我們的人格的讚賞和認同。因此，如果我們周圍的每個人都清楚地讚美我們的利他主義行為，並且譴責我們自私自利的行為，我們就不會再堅持我們自私自利的行為，我們將被迫為了贏得我們周圍人的社會認同，而為了整個社會的福利去利他地工作。

為了在社會中引發這種積極的轉變，利他主義者們必須透過不同的政府和公共機構給大眾傳媒施加壓力。為此，人類必須出於對自我毀滅的恐懼，在廣播和電視上宣揚利他主義行為的獨特性和價值觀，在所有的電影、教育計畫／節目、文化活動、各種慶典儀式和世界各地的公告中大力宣揚利他主義。

宣傳解釋的目標應該是向全社會灌輸給予和回報社會是一個全人類和每個人的絕對的價值觀。應該進一步弘揚除了給予的行為之外任何其它的行為都不會受到讚賞。一個人對整個社會的貢獻越大，那個人就應該變得更著名和更令人尊敬，並將因此獲得全社會更崇高的獎勵。

毫無疑問，這種公眾輿論宣揚贊成利他主義行為的方式是一種人為的方式，是出於對毀滅的絕望，出於生存的本能。這是因為從社會、環境和家庭接受到認同，不管是否出於自願，一個人都將受到社會輿論的影響，並且最終會自動接受利他主義做為其自身的終極價值觀。

2 歷史上人類改正社會時犯的錯誤

歷史上有很多理想主義者，包括共產主義者曾經試圖為社會中被壓迫的階級建立一個更美好的生活，不是出於被毀滅的威脅，而是為了消除不平等和社會不公正。如今，這個動機已經不同，做為社會與自然之間的不平衡造成的結果，世界上每個人都面臨著一個同等的毀滅的威脅。

此外，在以上建議的那個獲得與自然的平衡的方式中，任何一方都不會因為為了私利損害他人利益而得到任何好處，因為人的本性是獲得快樂和滿足，而不會去管快樂和滿足的源泉是什麼。能夠獲得永恆的幸福，將比所有其他任何轉瞬即逝的物質利益更有吸引力。

這種利他主義的思想在發達和富裕的國家比貧窮和落後的國家中能夠更快地被接受。在不同的國家，抑鬱症和毒品濫用的比例急速攀升的情形也證明了這一點。工人和經理有著不同的收入，但事實上，工人們真的想要平等並且同意付出做經理的職位所需的那種努力嗎？我們看到這完全取決於一個人的願望的強度，而且如果一個人真的想要達到在社會中的上層地位的話，他或她一定會做到。

3 為了全人類的福祉而工作的環境

給予並不一定意味著一個人真的給予社會某種物質實物。這種情形是這樣的，我們必須既要考慮那些努力的數量和品格，同時又要考慮與生俱來的那些身體、心理和精神的素質。事實上，人們天生就是不同的——或懶惰、或聰明、或高效、或天才……等等。對社會的給予表現在內在的意願上，而在外部表現形式上它可以呈現為各種各樣的形式。

每個人在社會上的價值大小不是由他或她個人的獨特性決定的。無論一個人所獲得的專業成就以及在任何其他領域的成功有多大，那些基於人的天生的優點所設立獎項和獲獎標準必須被撤銷。例如，是否是一個很好的家庭男人、是否是一個成功的商人……等等，我們只會根據一個人給全社會的福祉帶來的貢獻進行考量。

各種獎勵、尊重、榮譽和一個人明顯的受歡迎的程度，都只應在這個基礎上被授予。因此，這個人將成為一個言傳身教的典範，結果是每個人都會想顯示他們給予社會的行為。讓每個人都羨慕這個；讓每個人都為此競爭。因此，不是去評估一個人邪惡的程度，而是去評估一個人對整個社會在總體上造成的危害的程度。

4 拯救人類的計畫

研究人員長久以來已經發現在一個單一的統一的身體內發揮作用的原則是：每一個利己主義的細胞和器官的唯一目的，就是迫使它們全部都去為了促進生存和發展的共同目標，而採取利他主義的行動。顯然，我們在這裡正在討論的是利己的利他主義，他們的目標是為了自己更好地生存，而根本不是無私的利他主義。它是為了在一個社會的框架內既可以個人獲利，並同時帶來整個社會的共同繁榮。

有人可能會說這是一種新的自私自利的、有意識的和明智的生存形式。毫無疑問，這就是人類的救贖之所在。我們，那 10%的利他主義者們，必須利用一切可能的手段，利用大眾傳媒並聯合主要的科學家們一起宣傳這個威脅和災難性的未來遠景。這種對災難和痛苦的恐懼以及透過聯合的、集體的、相互幫助的利他主義行動能夠帶來的美好未來的吸引，將會說服每個人：這種利己的利他主義對每個人自己而言都是最有好處的，實際上是最利己的，因為它重新與自然恢復了失去的平衡——一種自然的最好的狀態。

關於透過大眾傳媒形成社會輿論，有必要為每個人提供一個日益進步的環境，那個環境將吸引、鼓勵公眾給予社會，貢獻社會。一個人的社會環境應根據自己接受它的理想的能力逐步改變。那個環境不應該反對或阻止一個人找到他或她在這個環境中的接觸和互動。人們需要瞭解他們所生活的社會，他們需要在那個社會的大框架中清晰地看到他們個人的利益之所在，並認識到滿足環境的要求為自己帶來的好處。結果，那些給予的屬性將逐步地、慢慢地，並透過社會的壓力在每一個人中逐步形成。

改變社會的目標需要在教育系統和教育規劃中做出改變，從嬰兒期就應開始，需要在文化的各方面做出改變——包括文學、電影、電視、報紙、網路媒體等。媒體將會一切都以對整個社會的整體利益做為評判標準以決定是否該讚揚——切都基於整個機體的福祉。

2005 年 11 月在東京舉行的世界智慧論壇中，提到了愛因斯坦著名的論斷：

「問題不可能在其自身發生的層面被解決，對一個問題的解決總是需要提升到一個更高的水準才能實現。這個世界不會，也將不會理解它所面臨的這些問題以及解決這些問題的那個方法。」

正如弗里德里克 · 海耶克所說：

「我們準備接受在我們的文明發展史上所經驗的對這場危機的任何解釋，但是我們卻否認這場危機是我們自身的根本錯誤造成的結果。」

但是，看到這些深層原因並具有這種智慧洞見的那些人，那些 10% 的利他主義者，他們處在人類發展的最前沿，他們是專門為了將一個危險的未來、將它產生的原因和目的揭示給整個世界的人們，他們就是要將導致這場危機的根本原因，也就是我們人類與大自然的品格的等同性之間存在的差距，並且他們就是要將這個解決之道——將人類社會帶回到是一個單一的統一的生命有機體的狀態，告訴全世界並實施這個解決之道的人。

III

經典的卡巴拉智慧
和迫切需要的全球意識的進化

萊特曼博士於 2006 年，在德國杜塞爾多夫「智慧與科學的對話：新的全球意識」論壇上的演講

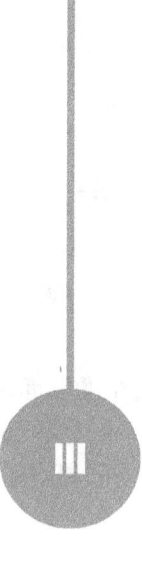

親愛的朋友們：

這場不斷升級的全球危機呼喚著解決之道。世界上許多著名的科學家和來自世界各地的哲學家們都在研究和探索著這場危機，然而，我們目前還不能說我們瞭解了它的根源，更不用說採取解決它的行動方案了。

然而，今天，我們再也不能否認它的存在了，有關危機的性質以及消除它的手段的各種理論和建議汗牛充棟，層出不窮。在這篇演講中，我將從我在過去的三十年間研究從事的卡巴拉科學的角度向大家介紹一下人類所處的現狀到底是什麼。

在遠古時代，人類比現在更接近大自然，並且試圖保持和它的親密關係。這有兩個原因：第一，那個還不夠發達的利己主義還沒有將人類與自然分離；這使得人類還能感覺到自己是大自然的一部分。第二，對大自然的不瞭解，使得人們對它產生了恐懼和敬畏，並迫使人們認為大自然高於人類自身。

正是由於以上這兩個原因，人類不僅渴望累積對周圍世界各種現象的知識，而且想要知道那些控制著這個世界的力量。人們在那時無法像今天這樣隱藏那些元素，在人為創造的世界中避免那些大自然的力量的影響。他們的感覺器官還沒有像今天這樣被現代的技術扭曲或墮落退化，還可以很深刻地感受到周圍的世界。對自然的恐懼和敬畏並且同時渴望與自然親近，促使人類去探索發現自然想要他們做什麼、創造是否有一個目標、自然創造人的目的是什麼。人類渴望盡可能深刻地瞭解這一切。

古代的科學家共用對自然的認識。卡巴拉學家也與科學家分享他們的知識。卡巴拉研究那個控制我們這個世界的更高系統。它的主要任務是研究創造的目標，並對那些創造的原因層面做細緻的研究分析。當然，我指的並非是那些今天以「卡巴拉」為標籤出售、藉助它受歡迎程度大發橫財的所謂的「卡巴拉」。

真正的卡巴拉是宇宙中一種最嚴肅和嚴謹的科學，它研究整個宇宙的結構，並且給很多其他科學提供基礎知識。卡巴拉學家與古代哲學家的聯繫導致了古代哲學的產生，而後者成為了科學的前身。為了向我們這次研討會的組織者表示敬意，我特意選擇了一些德國科學家和學者們關於這一主題的闡述。

約翰•羅榭林在他的《卡巴拉的藝術》（De Arte Cabbalistica）一書中寫道：「我的老師，哲學之父，畢達哥拉斯，從卡巴拉學家那裡得到他的教義，他是第一個將單詞卡巴拉 Kabbalah 翻譯成希臘單詞哲學 Philosophy 的人……卡巴拉不是想叫我們生活在塵世當中，而是要將我們的心靈提升到知識的高度。」

許多世紀以來，卡巴拉一直是一個被隱藏著的教義，一個祕密的智慧，這引發了許多對卡巴拉的傳說和歪理邪說的產生，這些都阻礙了當代人們試圖找出那些真正的來源的努力。

偉大的數學家和哲學家萊布尼茲在他的《Hauptschriftenzur Grundlegungder Philosophie》一書中特別寫道：「因為人們在當時還沒有打開那個祕密的正確鑰匙，對知識的渴求最終降低為各種瑣事和封建迷信並從而產生了一種『庸俗的卡巴拉』，它同真正的卡巴拉之間沒有任何相同之處，並同時以魔法等虛假名稱產生了各種想像出來的東西，而這些正是充斥著那些所謂的『卡巴拉』書籍裡的東西。」

哲學吸收了一部分卡巴拉的思想，但卻開始在不同的方向上發展起來。從哲學衍生出了在我們五種感官能感知的現象框架內研究我們這個物質世界及其運行規律的那些現代科學。同時，這個古老的教義，卡巴拉，仍然處於研究人員的興趣範圍之外。而將那些任何科學不能解釋、不能理解掌握的，無論什麼，都歸屬於宗教、禮儀和習俗的範疇。這導致那個古老的教義卻被逐漸遺忘。

科學和宗教是人類探索這個世界，瞭解人類在其中的位置、可能性以及定義其存在的目的，和存在的意義的兩個並行的路徑。然而，這兩條路徑都將人類領入了歧途，都從達成（最高的理解）那個更高的控制的力量之處偏離了，都從取得與那個更高力量的等同性的路徑上偏離了。人類探究自然不是為了學習自然要他做什麼和他在自然中的角色，並且由此改變他自己，而是為了自身的利己主義的利益想要改變和征服自然，就這樣走在了一個完全相反的道路上。

從科學到個人所處的困境，在人類活動的所有領域出現的危機，迫使我們不得不重新向自己提出這一永恆的問題：我們生命的目的和意義到底是什麼？我們越來越確切地知道：我們對以下問題還什麼都不知道：自然是什麼？我們存在的原因是什麼？那個掌控著一切的力量以及我們存在的目的又是什麼？

所有的麻煩使得我們不得不接受那個偉大的智慧的存在，自然中存在著一個更高的計畫。由於科學不能回答我們這個問題，這就迫使我們尋找一種使我們能夠研究自然的方法，這將我們導引到宗教、信仰和神祕主義中去尋找真理。這個外在的危機已經把我們帶到一個內在的危機當中，並且我們發現我們自己在這個世界上已變得越來越困惑不解。

對這些教義的勢不可擋的興趣，想透過使用各種各樣的「超自然」的方法，而不是透過科學研究的方法解釋我們在生活中遇到的問題的興趣在過去的三十年中一浪高過一浪，但現在，它們都在我們的眼前一個接著一個萎縮凋亡。出於人類的無知和各種誤解，人類還不得不嘗試、揚棄，並且最終忘記那幾個還剩餘的信仰體系。

今天的危機狀態正是人類試圖透過神祕主義重新發現這個真正的古老智慧的時刻。在最近這些年才被啟示出來的卡巴拉科學，必須在這一進程中發揮關鍵的作用。

卡巴拉出現在大約五千多年前，如同所有其他古老的教義一樣，起源於人類文明的搖籃，美索不達米亞地區。這是人類在當時發現他們自己，在忘記他們之前直到我們現在這個時代的地方。現在他們又被重新發現。那個古老的美索不達米亞曾經是、現在又變成了現代文明衝突的中心並不是一種巧合，人類的利己主義的演變決定、定義並真正設計了人類的整個歷史。

這個不斷發展進化的利己主義促使人類研究圍繞自身的環境，以便滿足實現那些不斷加強的利己主義的慾望。與我們這個世界上的靜止層面、植物層面、動物層面形成鮮明對照的是，人類在這個世界簡短的存在過程中，人類的每一代以及每一個個體都在不停地進化發展著。

人類的利己主義透過五個級別的強化進化演變著。在古代，人類的利己主義還沒有強大到足以將自己置於與自然相對立的位置。人類能感覺到自然和圍繞著他的一切，而且，互惠互利的感覺是他與自然的溝通交流的方式。在許多方面這甚至是自然而然的，就像在遠端感應中一樣，處在一定的精神層面上。這種溝通的模式至今仍然可以在一些原始的土著人中間找到。

那個在第一個級別上的自私自利的增長，在人類之中引發了一場革命。它產生了為了自己的利益想要改變自然的願望，而不是改變自己使自己變得與自然越來越接近。這種願望在《聖經》中被隱喻地描述為興建一座通天塔的願望——也就是想要駕馭自然、凌駕於自然之上。

這個不斷增強的利己主義將人類從自然中剝離出來。人類不但沒有去糾正那個增強的與自然的對立性，竟然想像他們能夠利己主義地達到創造者的高度，不是透過改正自己的利己主義，而是想透過主宰一切。

因此，人類將他的「自我」放在了與環境相對立、與社會和自然相對立的位置。不是將其他人感知為親人和親近的人，並將自然看作是自己的家園，人類不再能夠理解自然和其他一切。仇恨取代了關愛；人們彼此之間變得越來越疏遠，並且那個古老世界的單一民族被分裂成了兩個團體，其中一個飄向東方而另一個流向了西方。隨後的結果是，每一個團體又進一步分裂成許多的國家和民族，今天，我們正在目睹那個曾經分裂的、統一的人類重新連接在一起，再一次成為一個單一民族的過程的開始。

這在《聖經 · 創世記》篇中被寓言式地描述為以下方式（創世記 11:1-8）：「那時，全地的人只有一種語言，都說著同樣的話語。他們往東邊遷移的時候，在示拿地遇見一片平原，就住在那裡。他們彼此商量說：

『來吧，我們要做磚，把磚燒透了。』他們就拿磚當石頭，又拿石漆當灰泥。他們說：『來吧，我們要建造一座城和一座塔，塔頂通天，為要傳揚我們的名，免得我們分散在全地上。』耶和華降臨，要看看世人所建造的城和塔。耶和華說：『看哪，他們成為一樣的人民，都是一樣的言語，如今既做起這事來，以後他們所要做的事就沒有不成就的了。我們下去，在那裡變亂他們的口音，使他們的言語彼此不通。』於是，耶和華使他們從那裡分散在全地上，他們就停工不造那城了。因為耶和華在那裡變亂天下人的言語，使眾人分散在全地上，所以那城名叫巴別（就是「變亂」的意思）。」

約瑟夫 · 弗拉維斯寫道：尼姆羅德敦促人們違抗創造者。他建議他們建造一座超越洪水可能提升達到的高度的塔。如果創造者要再次引發洪水的話，並且因此，為他們死去的祖先們向創造者復仇。他們開始充滿熱情，不遺餘力地興建一座塔。看到人們還沒有從洪水中汲取教訓，還不糾正自己，創造者就打亂他們的語言使得他們說很多種不同的語言。使得他們不再能夠相互理解對方並從此分散開來。那座塔建成的地方現在被稱為巴比倫，因為那是一個語言開始變得混雜的地方，而不是像從前是單一語言。

在二十世紀初，一個叫做羅伯特 · 科德韋的德國考古學家在巴比倫發現了那座塔的廢墟，它的尺寸為 90x90x90 公尺的大小。此外，希羅多塔斯（約西元前 484 至 425 年）也曾經描述過一個同樣大小的七層金字塔。歷史資料列舉了在巴比倫的中心，有一座叫做埃斯基拉 Esagila 的廟城，而且巴別塔就在最高的瑪杜卡神殿的附近，它被稱為埃特門那卡 Etemenanki，意思是天地的基石。

在那些日子裡，埃斯基拉是這個世界上和一神論宗教鬥爭的宗教中心。占星術、黃道十二宮和星盤占卜，數字神祕主義、招魂術、魔術、巫術、法術、惡眼、邪靈通話……等等——所有這一切都在埃斯基拉發展起來。這些信仰至今仍然存在，特別是在今天，我們正目睹它們最後的爆發。

從那之後，並且在過去的五千年間，人類一直在與自然對抗，也就是和那個絕對的利他主義的屬性相違背。我們不是在將我們不斷增長的利己主義糾正為利他主義，不是變得與自然相似，人類為保護自己已建造起一個人工的防護板以抵擋自然。為了向那個保護提供幫助，在過去的五千年中，人類一直在發展著科學和技術，實際上，這才是真正在建造的現代的巴別塔。因此，我們不但沒有去改正我們自己，反而，我們希望控制自然。

從那之後，人類中的利己主義不斷得到發展增長，今天，它已達到人類利己主義的最高峰，人類想透過科學或技術發展來滿足自己的利己主義的幻想已經開始破滅。今天我們正在開始意識到自巴別塔的危機以來，我們所做的一切努力都不過是徒勞。特別是今天，當我們承認這場危機以及我們的發展遇到死胡同的時候，可以說利己主義與創造者（指自然的利他主義品格）的對抗，才是巴別塔的毀滅真正發生的原因。在以前，巴別塔是被那個更高的力量破壞的，但是今天，它是在我們自己的意識中被毀滅的，就像是被我們自己毀滅的一樣。人類已準備好承認它選擇的這條利己主義發展路徑，不是一條透過將利己主義改正為利他主義的道路，而是一條想透過科學技術的發展來補償利己主義和自然的對立性的道路，而這已走進了一條沒有出路的死胡同。

這個始於巴比倫、在地理上和文化上分裂成兩個團體的過程，在今天已經達到了它發展的最高峰。在過去的五千年中，每個團體都逐漸演變成了一種多種族的文明。其中一個團體就是我們所說的西方文明，而另一個團體則演變為包括印度、中國和伊斯蘭世界在內的東方文明。

我們今天正在目睹的這場威脅到全人類的可持續性發展的巨大文明

衝突並不是一種巧合。這是這場全球危機中的關鍵因素之一。此外，這場衝突反映的是自巴別塔的毀滅開始以來的那個過程的最高點。在巴比倫，一個單一民族的分裂是因為其利己主義將它的成員分隔開的結果，現在，是將那些曾經是一個單一國家和民族的人類重新團聚成為一個統一的單一民族的時候了。今天，我們正處在巴別塔的時代曾經發生的那個分離點的時刻，只是我們現在意識到了我們所處的這種狀況。

根據卡巴拉智慧，這場衝突、這場全球危機以及神秘主義和迷信的重新浮現，代表著全人類重新連接成一個新的而且統一的文明的開始，而這類似於巴別塔之前的狀態。而這就是全球化的涵義之所在。

在古巴比倫的那個困惑的時期，卡巴拉是做為一個瞭解人的利己主義的分階段不斷增長的原因的知識而被發現的。卡巴拉指出所有的存在的本性，是為了自我滿足的利己主義的願望（慾望）。但是，這個自私自利的慾望卻不能以其自然的形式被滿足，因為對一個願望的實現最終消滅了它自己，這樣一來，也將不再感到那個快樂。同樣地，食品可減少饑餓的感覺，但隨著饑餓感的減少，從吃中得到的那個快樂本身也逐漸消失。

但是，如果我們沒有快樂享受的話，我們將無法存在，因此，我們被迫使著不斷去發展新的慾望，以使我們可以滿足它們。否則，我們將不會感到快樂。這種永無止境的對快樂的追求構成了我們整個的人生，雖然那個快樂本身是不可能實現的。最終，那個幻想的破滅和隨之產生的空虛將導致抑鬱和毒品濫用等的產生。

如果滿足同時消滅了慾望和滿足感，那麼，是否有可能體驗到持續的滿足呢？古代的智慧寓言式講述了全人類是做為一個單一的有機體被創造的。也就是說，最初，所有人都是做為一個人（亞當）連接在一起的。而這正是大自然如何看待我們的——我們全人類就是一個單一的存在。這個集體的人的原型就被稱為「亞當」，它是從單詞Dome（類似）而來。在古巴比倫的亞拉姆語中，它的意思是「類似於創造者」。最初，我們整個人類被創造成就像一個人其內部是連接在一起的一樣，雖然我們的身體由各種器官和細胞個體所組成。但是，隨著我們個人的利己主義的增長，我們逐漸喪失了那種統一的感覺，並變得越來越互相疏遠。最後，我們達到了一個相互仇恨的階段。

根據卡巴拉智慧，自然的計畫是為了讓我們的個人利己主義不斷增長，直到我們認清我們自己利己主義的邪惡的真面目。今天，全球化一方面已清晰地表明，我們全部是連接在一起的，而另一方面又告訴我們，正是我們極端膨脹的利己主義使得我們彼此疏遠。

我們必須首先被創造為一個單一的創造物，然後被分裂成自私自利的、互相疏遠的以及相互分離的個體的原因是，這是可以讓我們看清我們自己和創造者的完全對立性，並承認我們所擁有的屬性是絕對的利己主義的唯一路徑。在這個狀態下，我們將會承認利己主義的微不足道、有限的性能並對它感到絕望，並且開始仇恨使得我們相互分離並與自然割裂的這種自私自利的本性，並由此發展出一個想要去團結統一的願望，想要去將我們的本性轉變成與它相反的利他主義的品格。因此，我們這樣就會獨立地找到一條將我們自己轉變為利他主義者的道路，並且重新將全人類連接為一個單一的、統一的整體。

正如那些本身是利己主義的細胞連接起來形成一個單一的機體，並為了整個身體的生存，它們消滅了個體的利己主義，從而感受到了整個身體的生命一樣，我們也必須在我們之間實現這樣的一種連接。然後，根據我們在這種團結上的成功，我們將會感覺到那個永恆的存在，而不是感覺我們目前這種有限的肉體的存在。

「愛鄰如己」這一古老的原則呼籲我們這樣去做。這一原則在巴別塔建造之前一直發揮著作用，在巴別塔毀滅之後，人類分裂成了不同的國家和民族，在那之後這條古老的原則被融進了那些從古老的巴比倫智慧中衍生出來的所有宗教中，並成為了那些宗教的基本原理。透過遵從這個法則，每個人不再是一個孤立的和空虛的利己主義者，而是可以感覺到那個和創造者相似的整個有機體的生命——亞當。換言之，在那個狀態中，我們會感覺到永恆、自然的完美的存在。

特別是現在，利他主義已成為人類生存的必要條件。這是因為現在已經清晰的是我們全部都是完全相互依存的。這一明確的事實引出了一個有關利他主義的新的定義：**真正的利他主義是指任何一種這樣的意圖或行為，它們不是出於一個想要提供幫助的願望，而是出於想要將整個人類連接為一個單一身體的必要性的意圖或行動。根據卡巴拉的智慧，那些目的不是將全人類團結成一個單一的身體的所有的利他主義行動都將最終被證明是無目的、無意義的行動。**此外，在將來，我們將不需要採取任何行動或在人類社會中實施任何改正，我們所需的僅僅是做為一個機體團結起來，而這將變得越來越明顯。

將一個人對待同伴的態度從自私自利向利他主義的轉變，會將一個人提升到可以感知到另外一個更高的世界的狀態。我們使用我們的感覺器官感知這個世界，並且接受那些顯示給我們感官的東西做為我們的生命在存在著的感覺。目前這個利己主義的感知使我們只能感覺我們從環境中得到的我們自己的印象。改正我們的本性，使我們感覺到的將不再是那些發生在我們內部的，而是發生在我們外部的，也就是那個完整的自然。

因此，透過感知那些外在於我們自己的，而不是那些內在於我們自己的，我們切換到開始感知周圍的全部世界，而不只是它的一個個破碎的片段。最終，我們發現圍繞著我們周圍的整個世界都是自然（創造者）的一個單一的利他主義的力量。

當我們和它團結在一起，我們將會感到我們的存在是一種自然存在的方式——永恆和完美。我們和那個感覺產生共鳴，它支配著我們，在那個狀態下，甚至當我們的身體死亡時，我們會感到我們自己仍然繼續存在於那個永恆的自然中。在這樣一種狀態下，身體的生和死已經不會影響我們存在的感覺，因為那個內在的自私自利的感知已被一種新的外在的、利他主義的感知所替代。

寫在大約兩千多年前的《光輝之書》（The Book of Zohar）中描寫道，人類在二十世紀末，將達到其利己主義的最高峰，同時，也是其最大的空虛點。這本書還寫道，到那時，人類將需要這個生存的方法，這個滿足的方法。然後，《光輝之書》寫道，向全世界披露卡巴拉的那個時間將會到來，並做為人類實現與自然相似性的方法。

改正一個人和全人類，達成與那個利他主義的自然的相似，不會在一次發生並且不會在每個人中間都同時發生。更確切地說，改正的可能性取決於每個人以及全人類對全球危機的認同。只有當一個人意識到他或她的自私自利的本性是造成所有危機和災難的萬惡之源時，真正的改正才會開始。

隨後，一個人將探求改變這個利己主義本性的手段。這種探求最終會產生這樣的結論：只有社會的影響可以幫助一個人完成這一使命。這意味著只有當社會改變其價值體系並弘揚利他主義的價值觀時，才能推動人的本性的改正。對於利他主義的價值觀，我指的不是互相幫助，而是指將全人類連接成一個品格上（愛和給予）類似創造者的統一的身體，並將它做為這個世界唯一的價值觀。

社會必須將人類的意識水準提高到瞭解我們的集體的共同責任那個層面上來。這是因為創造者將我們全人類共同做為一個單一的統一的創造物看待——也就是亞當。人類用各種利己主義的方式已經嘗試去達到他的各種目標，而所有這些利己主義發展道路在現在都遭遇了死胡同，並引發全面的危機，雖然很多人還感覺不到危機的來臨。但是，今天，人類已發現它必須集體地、採用利他主義的方式來解決它面臨的問題。利己主義逐漸暴露，會迫使我們實施我們人類在古巴比倫沒有成功實施的那個古老的卡巴拉的方法。

出現在這個世界中的所有苦難的根源是人類與自然的對立。自然的所有其他部分都本能地並且明確地遵循自然的誡命。只有人的行為將它自己置於和那些存在於靜止層面、植物層面和動物層面的利他主義力量相對立的位置上。因為人類就是自然的創造的最高點，自然的所有其他部分（靜止、植物和動物層面）都取決於它。透過人類的改正，自然的所有其他部分，整個宇宙都將提高到其初始的完美狀態，與創造者處於完全團結統一的狀態。

根據創造者的計畫，整個宇宙必須達到這種狀態，並且留給我們改正的時間是有限的。《光輝之書》表明這個改正工作必須從二十一世紀初開始實施。從這一時間開始，人類將被不斷加劇的痛苦催促著去改正。對創造目的的認知和改正方法的知識，將使我們能夠自覺地有意識地透過完成我們被賦予的使命去接近創造的目標，會使我們趕在痛苦從後面追趕上我們之前更快地接近目標。這樣的話，我們得到的不再是痛苦，甚至當我們還在改正的路徑上，我們就會感到滿足和幸福。

一切都取決於我們向社會解釋危機的原因和解決它的方法所做的那些努力。我們必須解釋，這場危機是我們達到那個最美麗的、永恆的、完美的狀態過程中必須要經歷的一個階段。對這一目的的解釋不是一個簡單的任務，但是這場不斷升級的危機使得我們所有人都不得不認知這個過程是必要的，而且是有目的的一個過程。讓我們的這個時代顯得特別的是隨著危機的不斷升級，一個為變化的機遇的窗戶正在向我們打開。我們有能力而且確實有責任去解釋這場危機，實際上是實現和創造一個新的改正（從而正確的）的文明狀態的最佳時機。

1558 年義大利曼圖亞版的《光輝之書》扉頁，上面寫著："對《托拉》(《聖經》摩西五經)的《光輝之書》注解，出自神聖的先哲，西蒙巴約海"

附錄

我們在附錄當中精選了一些有關卡巴拉智慧的基礎知識。內容非常精煉，對那些不瞭解卡巴拉的人可以開始瞭解卡巴拉；對於那些錯誤理解卡巴拉的人可能是一種糾正；對於那些真正開始對卡巴拉，也就是對生命意義感興趣的讀者可能是一個很好的指引。

1

有關卡巴拉的基礎知識

卡巴拉是什麼？

雖然其起源可以追溯至遙遠的古代巴比倫時期，卡巴拉智慧在大約四千年前出現之後，至今卻幾乎一直向人類隱藏著。

正是這種隱藏使得卡巴拉一直籠罩在神祕之中，持續散發著迷人的魅力。歷史上，很多國家的著名科學家、哲學家，如牛頓、萊布尼茲、米蘭德拉等，都試圖探索並理解卡巴拉科學的奧祕。不過，直至今天，卻仍然只有很少的幾個人真正瞭解卡巴拉到底是什麼。

卡巴拉科學描述的不是有關我們這個世界的事情，正因為如此，其本質使人們很難琢磨。想理解那種無形的，那種感知不到的，或者那些沒有親身經驗的事物是不可能的。幾千年來，人類打著「卡巴拉」名義發明了各種各樣的事物：魔法、咒語，甚至奇蹟等等，但所有這些都不是真正的卡巴拉科學本身。

四千多年來，對卡巴拉科學的通常瞭解都一直被誤解或曲解籠罩著。因此，最重要的是，首先需要給卡巴拉科學以明確的定義。卡巴拉學家，耶胡達·阿斯拉格在其《卡巴拉智慧的本質》一文中是這樣定義卡巴拉的：

這種智慧不多不少是一種根源的順序，它以一種固定的，預先確定好的規則，透過因果關係降落下來，編織成一個單一的、崇高的被描述為，在這個世界中，向祂的創造物揭示祂的神聖的目標。

這種科學的定義可能過於複雜和繁瑣。讓我們來看一看這裡說的到底是什麼。

存在著更高的世界或創造者，而且這些控制的力量從更高的力量降落到我們的這個世界。我們不知道有多少種力量存在著，而這實際上並不重要。我們在我們這個世界裡存在著。我們由某種被我們叫做「創造者」的更高的力量創造出來。我們都熟悉我們這個世界中的諸如萬有引力、電磁力和思想力等力量。然而，存在著某些來自一個更高次序的力量操控著我們這個世界，同時又是向我們隱藏著的。

我們將這種無所不包的終極力量，稱作「創造者」。創造者是這個世界所有力量的總和，而且處於這些操控的力量序列的最高層面。

這個力量衍生出那些更高的世界。總共有五個更高的世界。緊接著它們的是，那個所謂的 Machsom——一個將那些更高的世界和我們的這個世界分隔開來的壁壘。從那個更高的力量——就是創造者，也被稱為「無限的世界」，各種力量經過那五個更高的世界降落下來，產生了我們的這個世界以及我們人類。

和傳統科學不同的是，卡巴拉科學並不研究我們的這個世界和存在其中的人類。卡巴拉探索的是超越那個 Machsom 壁壘以外的更高世界裡存在的一切。卡巴拉學家耶胡達 · 阿斯拉格說：「這種智慧不多不少是一種根源的順序，它以一種固定的，預先確定的規則，透過因果關係降落下來，編織成一個單一的、崇高的被描述為在這個世界上向祂的創造物揭示對祂的神聖的目標。」除了從更高世界依照精確的法則降落下來的那些力量之外，沒有其他任何東西。此外，這些法則正如阿斯拉格所描述的，是固定的、絕對的、無所不在的。最終，它們都被導引著以便人們可以在還活在我們這個世界的同時，就可以揭示那個操控著自然的終極力量。

我為什麼會探尋某種精神的東西？

我為什麼會渴望某種超越日常生活能夠提供給我們的更多的或不同的東西呢？卡巴拉將這個問題用以下這種方式加以表達：對那個更高力量的渴望是如何浮現出來的呢？

其實發展進化了很長時間；剛開始時人類就如同動物一樣，其願望滿足生存的需要如食物、家庭、性以及庇護所等；然後發展經歷了對財富、權力、名譽和知識的追求等各個階段。

在人類發展的早期階段，對食物、家庭、性以及庇護所的願望是一個人具有的所有願望。即使一個完全被隔離起來的人，也會具有這些願望並努力去滿足這些願望。 那些由社會環境決定的願望（也就是對財富、權力和名譽的願望）則在下一個階段浮現出來。

再後來，對知識的願望才開始出現。當我們開始渴望尋找萬物的來源與我們自己的根源時，科學才蓬勃發展起來。然而，這種對知識的願望也仍然只是我們侷限在這個世界的框架內的一種願望。

只有發展到下一階段時，一個人才會渴望去瞭解那個真正的根源、一個人的本質——也就是生命存在的意義。「我從哪裡來？」、「我是誰？」、「我是什麼？」這些問題得不到回答的話，就會使一個人坐臥不寧。

人類天生就是利己的。我們所有的願望都是以自我為動機的，而且自我渴望被滿足。它們壓迫並驅動著我們，精確地控制著我們的一舉一動。在我們這個世界上，利己主義的願望發展的頂點就是渴望用高於我們的某種東西的知識來滿足我們的願望。

那麼，這些願望產生的根源是什麼，它們又是如何浮現出來的呢？產生這些願望的根源就是痛苦。從一種類型的願望到另一種類型的願望的過渡，都只有在痛苦的影響下才會發生。假如我處在一種平衡的狀態，我會感到心情舒暢而且一切都好。然後不經意間一個新的願望出現了，我感覺缺乏某種東西。這時我開始想要去經驗某種新的事物，因此我開始努力去滿足這個新出現的願望。這一過程持續不停地重複著它自己。也就是說，我們總是在不停地追逐著新的快樂。

我們生在這個星球上，我們生，我們死，都在努力著去實現我們那些永無止境的願望。只有在經過許多次生命輪迴後，我們才達到只有一種單一的願望存在下來的狀態：這個願望就是到達我們的根源，發現我們生命意義的願望。一旦這個終極的願望浮現出來，其他的任何事情似乎都變得不再必要和沒有意義。一個人會變得消沉抑鬱，感覺到情緒和精神的空虛，彷彿這個世界已沒有任何東西能給他帶來幸福。生命顯得毫無意義而且感覺欠缺某種真的東西，但又不知道欠缺什麼。直到類似「我生命的目的是什麼？　」、「我為何存在著？」等問題將人們帶向卡巴拉為止。

我為什麼感覺痛苦？

痛苦迫使我們前進。不論是我們感覺壓抑、空虛還是迷惑，所有這些不好的感覺的出現都是為了迫使我們思考它們出現的原因和產生的目的。

在我們所處的這個世界中，我們只是看到了現實的外殼。就像我們只是看到電視螢幕上的畫面，卻看不到形成那些畫面的電子信號一樣。我們無法看見隱藏在自然、社會、個人或宇宙背後的是什麼，我們也無法控制其中的任何一個。

就如同看一幅刺繡，只有在刺繡的反面才能看到那些構成了那幅刺繡圖畫的所有縱橫交織的環節及線條。同樣的原因，我們無法觀察到在我們的現實中發生的那些事情之間的聯繫；我們只能看到「某些事件突然因為某種原因發生了」。那麼，我怎樣才能知道我的行為的結果是什麼呢？突然之間，我遭受了一次打擊，而我不明白它為什麼發生或它是從哪裡來的。我們開始問自己「我在哪裡走錯了？」、「我做了什麼得到這種報應？」直至我們開始問自己：「這一切都是為了什麼？」

任何人都可以為他們自己和別人遭受的痛苦找到他們自認為合適的解釋。但每個人都同意正是痛苦在促使我們思考它產生的目的和發生的原因，根據卡巴拉的觀點，它們是同一個相同的問題。

卡巴拉科學聲明說，所有痛苦的原因只有一個，使我們詢問它的意義。這樣的話，我們就可以將我們自己從一個在那裡原因是被隱藏著的物質的存在層面，提升到一個痛苦的原因是被揭示的更高的精神的存在層面。卡巴拉科學給予了我們這樣一個機會：去發現那個生命的源泉——那個更高之光，那個創造者——並且達成與那個根源的融合。這種有關我們痛苦的根源，痛苦產生的目的以及我們生命意義的問題的出現將一個人帶到卡巴拉。

為什麼要學習卡巴拉？為什麼是現在？

今天，很多人相信人類的發展正在走入一個死胡同。我們曾經試圖透過科學及經濟發展尋找更好更幸福的生活方式的希望，已經被一種日益增強的人類正在進入一個死胡同的悲觀情緒所沖淡。

我們看到這個世界上，越來越多的人已無法找到滿足感。我們曾經以為人類正在向前取得巨大的飛越，並相信我們正在取得實質性的進步，然而現在看起來我們正在四處碰壁。

人類似乎正在陷入一種沮喪、自殺、毒品氾濫的深淵，人們正在試圖與這個世界隔絕，抑制自己的情感。恐怖主義以及正在迅速蔓延的災難都是一場全球性危機的外在徵兆，所有這些狀態正將人類引向那個根本性的問題：「生命的意義是什麼？」

越來越多的人已經開始在尋找這個問題的答案。如果我們看一看近二十年來精神探求者的數目迅速增加的情況的話，我們就會清楚地看到這種趨勢。

在兩千年前寫就的《光輝之書》上寫道：在二十世紀末，人類將開始追問有關生命的意義這個問題。而且這個問題的答案就隱藏在這個古老的卡巴拉科學當中，而且，只有在今天這個時代，只有在這些富有挑戰性的危機出現的時刻，這個智慧才會被揭示出來。

正是基於上述原因，卡巴拉科學被隱藏了幾千年。因為過去人們還沒有準備好接受它，而且在那時也不需要它。但是，近些年來人們對卡巴拉的興趣在急遽上升。很多人已經開始學習卡巴拉，因為人們對卡巴拉能給他們帶來什麼感到好奇。一旦某個人瞭解到卡巴拉會回答那個有關生命意義的終極問題，他就對它不再感到害怕，並開始積極從事卡巴拉的研究和學習。

那些認為卡巴拉與魔法、奇蹟、紅繩和聖水等有關的想法正在逐漸消失。人們能夠看到那些只不過是某些心理的現象而已。

對真實可靠的卡巴拉的需求正在進一步上升。換句話說，對一種能夠使我們感覺更偉大的宇宙，永恆的存在以及更高的支配力量的精神需求正在持續增長。人們想知道，我們這個世界以及我們的生命為什麼會如此演化，我們從何處來又要向何處去。

現今，許多世界各地的人們對這個問題都已經產生興趣，而這正是卡巴拉科學變得越來越受歡迎的原因。因為世俗的存在似乎已全都變得越來越令人失望和有限，越來越多的人正在試圖將他們自己和超越這個世界的某種事物聯繫起來。

因此，今天的人們已準備好接受卡巴拉科學。卡巴拉歡迎所有渴望去發現生命的意義、存在的根源的人們，並提供他們一種實現它的實用的方法。

關於卡巴拉的十個偏見

偏見一：卡巴拉是一種宗教

事實是：卡巴拉是一種科學，一種有關整個現實的物理學。卡巴拉是一種智慧，一種揭示通常被我們的感官所隱藏的全部的真實的智慧。

偏見二：卡巴拉與紅繩和聖水有關

事實是：它們之間毫無關聯。紅繩、聖水和其他產品都不過是在過去二十年內被創造出來的有利可圖的商業行為。

偏見三：卡巴拉是保留給少數人的，並且只有在四十歲以上的男人才允許學習

事實是：以色利人在精神流放期間，卡巴拉僅由幾個經過精選的人繼續研究並保護著。然而，從 Ari（十六世紀）的時期開始，卡巴拉就已開始向全人類開放。

偏見四：卡巴拉與魔法有關

事實是：卡巴拉不涉及任何魔法或其他巫術，相反，它與務實的親身體驗和實踐有關。

偏見五：卡巴拉是一種宗派

事實是：卡巴拉是一種向全人類每一個人都開放的智慧和科學。

偏見六：卡巴拉與新世紀運動有關，而且是一種流行——即一種短暫的現象

事實是：卡巴拉是人類最古老的智慧。它大約起源於五千年前。

偏見七：卡巴拉與塔羅牌、占星術和命理學等有關

事實是：塔羅牌、占星術和命理學都是對卡巴拉科學錯誤的理解和利用，是為著某種利己的目標操縱別人的行為，它們與真正的卡巴拉智慧沒有任何關係。

偏見八：卡巴拉與護身符有關

事實是：在我們的這個世界中，沒有任何事物具有精神的內涵。護身符只能幫助人們產生某種心理安慰作用。

偏見九：卡巴拉與冥想有關

事實是：學習卡巴拉並不需要任何冥想。冥想又是一個在最近幾個世紀存在的對卡巴拉的混淆中，被不懂卡巴拉的人對此智慧的錯誤聯繫。

偏見十：在你接觸卡巴拉之前需要學習 Torah（摩西五經）和 Talmud（猶太法典）

事實是：正相反，不學習卡巴拉的人根本無法正確瞭解這些經典中隱藏的真正的精神涵義，而且會錯誤認為它們是在講述這個物質世界的事件和行為。

為什麼要學習卡巴拉，它是關於什麼的？

卡巴拉智慧是一種研究精神世界的科學工具。我們使用自然科學，如物理、化學和生物學來探索我們的這個物質世界，但自然科學的研究只能針對由我們的五種感官所感知到的這個物質世界。要完全瞭解我們生活的這個世界，需要一個能探索我們的五官感知不到的那個隱藏領域的工具。這個工具就是卡巴拉智慧。

根據卡巴拉智慧，現實中存在兩種力量或者品格：一種是接受的願望，另一種是給予的願望。因為那個給予的願望想要給予，所以它創造出一個想去接受那個給予的願望，那個給予的願望更普遍地被稱為「創造者」。因此，整個創造物，包括我們，都是這個接受的願望的外在表現。

藉助卡巴拉，我們能夠為了我們自己的利益，去操縱構成現實的基本力量——接受與給予。卡巴拉不只告訴我們整個創造的藍圖，而且還教給我們如何可以變成現實的設計者，即變得和那個現實的原始設計者——創造者一樣全能和全知。

什麼人可以研究學習卡巴拉？

當二十世紀偉大的卡巴拉學家，以色列第一位首席猶太導師庫克（Kook），被問到誰能學習卡巴拉時，他非常明確地回答說：「任何想要學習它的人。」

在這最近一百年，在許多場合，所有的卡巴拉學家都無一例外地清楚地表示，今天卡巴拉是對所有人開放的。此外，他們聲明，卡巴拉是用來解決他們已經預見到的、而我們正在經驗的這場全球危機的必備工具。根據所有卡巴拉學家的觀點，那個將卡巴拉對公眾隱藏的時代已經結束了。

卡巴拉智慧在以前之所以會被隱藏起來，是因為卡巴拉學家害怕它會被人們誤用或被人們誤解。而正如事實已發生的那樣，曾經洩漏過的一點點，已經引起了很多誤解並導致了很多誤用的情形產生。因為卡巴拉學家解釋說，我們這一代人已進化到了準備好去理解卡巴拉的真正意義，以及去理清過去曾造成的那些誤解的階段，這門科學現在開始對所有想研究學習它的人們開放。

卡巴拉智慧教我們什麼？

卡巴拉智慧教授我們有關那些精神世界的結構，以及我們每一個人怎樣才能到達那裡。卡巴拉著作就如同旅遊指南一樣，如果你打算到一個新的城市去旅行，你可能需要一個導遊來告訴你，哪些地方是最好的景點、最好的咖啡店和俱樂部在哪裡？以及指出哪些是你不會想去的地方等等。

同樣地，卡巴拉著作告訴你那些精神世界是如何被建造起來的，哪些地方比較好玩而哪些地方不是。當然，這些指的都不是像這個物質世界的地方一樣的「地方」，而是那些卡巴拉學家們都曾經經歷過的某種精神世界的狀態。

此外，卡巴拉著作還會告訴我們，如何去發現那個精神的現實。如果你想要去到世界上的某個地方，你可能會需要一張地圖、一個研究並熟悉該地的導遊。而這對那些精神世界的探索來說，就是卡巴拉著作所扮演的角色：它給你指出哪裡是精神世界，將你「送」到那裡，並為你四處導遊。

Bnei Baruch 國際卡巴拉研究教育中心是一種什麼樣的組織？

Bnei Baruch 國際卡巴拉研究教育中心是為了研究、學習、教授及傳播真正的卡巴拉智慧的一個自發的國際性組織。它於 1991 年，由科學家、卡巴拉學家麥可・萊特曼博士懷著上述的崇高目的成立的。他之所以將這個組織命名為 Bnei Baruch（意思是 Baruch 之子），為的是紀念他的老師、當代偉大的卡巴拉學家巴魯克・阿斯拉格（Baruch Ashlag）；而巴魯克是他的父親，二十世紀最偉大的卡巴拉學家耶胡達・阿斯拉格（Yehuda Ashlag）的繼任者，耶胡達・阿斯拉格也被尊稱為巴拉蘇拉姆（Baal Sulam，意思是階梯的主人），以其《對〈光輝之書〉的階梯（Sulam）注釋》而聞名於世。

為了傳播卡巴拉智慧，Bnei Baruch 在世界範圍內用幾十種語言維護著 www.kabbalah.info 這個網站，出版卡巴拉著作、發行卡巴拉報紙以及製作卡巴拉廣播及電視節目等。每個月都約有一百萬人瀏覽該網頁，全球已有數萬人成為其積極的會員，他們共同支援這個目標，並為了全人類的利益而協助卡巴拉的傳播。

歷史上偉大的卡巴拉學家

卡巴拉智慧是人類最古老的智慧。它的起源可追溯到猶太人祖先亞伯拉罕的時代，即西元前十八世紀，至今三千八百多年以前。亞伯拉罕是當時古巴比倫貝多因部落中一個普通的人，他發現了創造者的存在，也就是發現了超越這個世界之外的現實。然後，他寫下了有關這一切的稱為《Sefer Yetzira》（《創造之書》）的著作，這是有關卡巴拉智慧的最早的一本著作。

在他之後產生了很多的卡巴拉學家，包括他的弟子、兒子及孫子，全部都致力於卡巴拉智慧的研究和傳播，直到這一智慧被第二次為帶領以色列人走出埃及的摩西所揭示。摩西是一個偉大的卡巴拉學家，他為我們撰寫了Torah（《托拉》，或《摩西五經》，《聖經》的前五卷）。在這本著作中，他以一種不同的方式，描寫了他自己對精神世界的揭示。

亞伯拉罕用Sefirot和名稱寫下他的著作，而摩西則使用了另外一種不同的語言——一種根枝語言來描述自己對那些更高的精神世界的揭示。由於這個世界的所有一切都來自那些更高的世界，就如經書中所寫的：「在這個世界裡，哪怕是一根小草，都在那些更高世界裡有著一個對應的讓它成長的天使（指更高的力量）。因此，存在於這個世界中的任何事物都與存在於那些更高世界裡的某個力量相對應。」

例如，在我們的這個世界，我們所遇到的所有事物都可以用語言、稱謂及名字加以表達。這樣，我們可以使用這些同樣的名稱，但表達的卻是在那些更高世界中所發生的事物。這就是摩西採用根枝語言寫下了他著名的《聖經》前五章的方式。

多虧了他，我們現在才擁有《摩西五經》。這個世界上的人們認為，這本經典所涉及的是這個世界裡發生的事情，描寫的是某些曾經發生的歷史事件、羅曼史以及其他活動等等，這都是對該著作的誤讀和誤解，而那些已達成精神世界的人們很清楚，摩西所描述的根本就不是我們這個世界，哪怕連一個字都沒有；他談論的全部都是有關那些精神世界的事情！他描述的是有關那個最高的統治的力量，以及靈魂如何上升及下降，他們的轉世以及整個精神的系統。

然後，是《光輝之書》的出現，它是有關卡巴拉智慧最重要的著作，雖然沒有人完全瞭解它。《光輝之書》是以一種叫做 Midrash 的語言寫成的。這種語言不同於亞伯拉罕所採用的 Sefirot 及 Partzufim 的語言，它也不同於摩西所使用的根枝語言。這種語言使用的是我們這個世界的辭彙。《光輝之書》是以小說的形式撰寫的，它虛構且富有詩意。它看起來是在無意義地談論著這個世界以及精神世界，但它卻是一種傳奇式的故事的語言，名為 Midrash。

繼《光輝之書》後，到了中古十六世紀，另一次卡巴拉重要的發展是神聖的 Ari（卡巴拉學家 Isaac Luria）在以色列北部的一個叫做 Safed 的小鎮上對卡巴拉的揭示。他沒有親自寫下任何著作，他的教義都是由他的弟子 Chaim Vital 記錄下來。這被認為是當代卡巴拉的開端。

後來，到了哈西德派的時代，卡巴拉智慧經過從十七至十八世紀間的發展，直到我們現在這個時代二十世紀的巴拉蘇拉姆，即卡巴拉學家耶胡達·阿斯拉格。巴拉蘇拉姆用現代的語言闡釋了精深的卡巴拉智慧，他對《光輝之書》以及 Ari 的教義進行了完整的注釋。他像寫科學著作一樣寫下了《對十個 Sefirot 的研究》，該著作的寫法既具有學術性又非常地精確；它配有術語解釋表、問答、圖表等，是一種完整的適用於我們這個時代的卡巴拉科學教科書。

2

其他卡巴拉著作

為了幫助你決定你接下來應該閱讀哪本書，我們已經將一些卡巴拉書籍分為了五類—適合所有人的著作、初級著作、中級著作、高級著作和教科書。第一類包含了適合所有人閱讀的書籍，無論你是一個初學者還是一位非常精通卡巴拉的人。第二～四類是根據讀者已掌握的知識水準來分類的。對初級水準的讀者沒有要求。中級水準要求之前已閱讀一到兩本初級著作；高級水準要求已閱讀前兩類著作各一到兩本。第五類教科書—包含了一些由早期卡巴拉學家們撰寫的正宗原始文獻的譯本，例如，阿里、耶胡達·阿斯拉格（巴拉蘇拉姆）和他的兒子及繼承人巴魯克·阿斯拉格（拉巴什）。

其他還沒有出版的英文譯本可以在 www.kabbalah.info/cn 網站上找到。這個網站上的所有資源（包括已出版書籍的電子版）都可以免費下載。

適合所有人的著作

《卡巴拉、科學和生命的意義》

Kabbalah, Science and the Meaning of Life

科學解釋了維持生命的機制；卡巴拉解釋了生命存在的原因。在《卡巴拉、科學和生命的意義》這本書中，萊特曼博士用一段揭示生命的意義的生動對話將科學和精神世界結合了起來。

幾千年來，卡巴拉學家們一直寫道，世界是一個被分為無數生物的整體。如今量子物理學這一最前端的學科闡明了一種非常簡單的觀點：從最基本的物質層面上來說，我們所有人類和現實的環境的一切實際上是一個單一的整體。

科學說明，現實受檢驗它的觀察者的影響，即對現實的感知是主觀的，卡巴拉也同樣這樣認為。但卡巴拉做出了一個更加大膽的聲明：即使是創造者，現實的創造者，也位於觀察者之內。換句話來說，上帝存在於我們內心，不存在於其他任何地方。當我們去世後，他（創造者）也會消失。

萊特曼博士清楚地解釋了這些全新的震撼人心的觀念，因此即使是科學或者卡巴拉的初學者也能夠很容易地理解它們（雖然始終似乎難以置信）。如果你對於「為什麼你會在這裡、生命的意義是什麼以及你可以做些什麼來使你更加享受生活」這些問題不僅僅只有一點點好奇，而是真的想要尋找答案的話，那麼這本書無疑是你的必讀著作之一，它會為你對世界、宇宙和生命產生的思考提供一個全新的視角。

《危機，想知道為什麼？》

Crisis, Wonder Why?

謀求發展帶來的卻是毀滅
追求幸福得到的卻是絕望
渴望和平導致的卻是戰爭

道路在何方？未來在哪裡？
難道發展的終點是毀滅！？

一個為今天而準備的五千年的偉大智慧，
被一個民族攜帶著、隱藏著、發展著、等待著，
只為今天這個危機四起的時刻的出現，
當人類真正開始需要她的時候，
她才揭開她神秘的面紗，
為人類指點迷津，引向光明！

危機到底是什麼？危機的背後又隱藏著什麼？自然災害真的是自然的嗎？災難是上天對人類的懲罰嗎？為什麼會爆發金融危機？氣候和生態危機是如何造成的？為什麼危機和災難發生的越來越頻繁了呢？恐怖主義的根源是什麼？為什麼世界從來沒有真正的和平過？幸福為什麼總是稍縱即逝？人類尋找的幸福在哪裡？如何才能實現真正的幸福？如何才能解決危機？我們都在期待改變，真正的改變，能夠帶來拯救的改變是什麼？如何改變？生命意義又是什麼？……

本書透過幾十篇對人類面臨的各種危機現象的描述及其本質和危機

的產生原因分析的文章，以及當代偉大的卡巴拉學家萊特曼博士有關危機、自然災難、戰爭與和平、婚姻及幸福的幾篇精彩對話所組成。

有關危機呈現的短文是全世界卡巴拉學員從卡巴拉智慧的視角，對我們人類現實生活中面臨的危機和困惑的卡巴拉式解讀。內容涵蓋了從金融到經濟危機，從全球化到網路時代，從生態環境和氣候危機到自然災害，從個人婚姻到家庭幸福的危機，從恐怖主義到戰爭，從科學對世界在宏觀和微觀世界的探索到生命意義的追尋等等。總之，歷史發展到21世紀的今天，人類從來沒有像今天這樣感到如此地迷茫和困惑。人們甚至絕望到相信世界毀滅的末日就要到來。

透過閱讀這些精彩的文章和對話，我們可以清晰地看到，剝開所有的災難和危機的表象，引發危機的根源和那個導致危機發生的唯一的原因，將鮮活地呈現在我們眼前。你會發現，不論是什麼樣的危機，無論什麼樣的災難，所有那些看似毫不相干、毫無關聯的危機和現象，最後都濃縮並指向一個單一的原因，都是由一個共同的根源和原因引起的，而且，你會神奇地發現，所有的危機和災難，實際上都是一種必然，並且，危機本身就是一種拯救，危機也是整個創造的一部分。而找到了那個造成了所有危機的唯一的原因並瞭解了危機背後隱藏著的目的，也就找到了唯一的救贖，找到了生命起源和存在的奧秘，最終找到生命的意義。而且只有這時，人類真正的自由選擇之點才會出現。問題是我們是否願意選擇。毀滅還是重生，拯救的鑰匙就在我們自己手中，就隱藏在危機的背後，也在閱讀此書給每一讀者帶來的思考和求索之中。

本書內容分為12章節81篇主題文章，涉及各類危機和社會及個人生活熱點問題。

雖然，文章在編排上有分類和次序，可能很短小，但涉獵探討的問題卻可能觸及終極和根源，當然，我們力圖使它們通俗易懂。但您可以選擇任何涉及自己最關心的點的文章開始來讀，隨便跳讀。不要追求一遍就能讀懂。我們唯一希望的就是大家能夠自己從內心向外敞開自己的心扉，拋卻所有固有知識和思維模式設定的障礙。讓書中蘊藏的智慧流經你自己，滋潤你的心田，叩開你的心扉，使你真正開始知道！真正開始「看見」！

《歷史、現在與未來》

The History, the Present and the Future

《歷史，現在和未來》，從卡巴拉智慧的宏觀視角，縱覽了整個創造的過程，驅動生命的起源和進化背後隱藏著的力量。在對從創造者和創造物，也就是給予的願望和接受的願望，這兩個宇宙中唯一存在的力量的演變發展過程的解讀當中，你不但可以瞭解到創造的歷史，生命的進化的脈絡，你還可以看到在所有的危機發生的背後存在著一條清晰的路線；並且會瞭解到現在人類面臨的全面危機和災難絕不是偶然的，一切都是在創造的開始就被預定好了的。而且，所有的危機和災難都是有目的的，它們的出現都是為了實現創造的目的。

本書還將幫助讀者解開幾百年來一直困擾著人類有關宇宙起源和生命演化理論的上帝創世說和達爾文進化論之間存在的謎團。

《超越世界》

Attaining the Worlds Beyond

《超越世界》的引言部分寫道：「……在 1991 年 9 月的猶太人除夕，我的老師感覺不舒服，他把我叫到他的床邊，遞給我他的一本筆記本，說道，『拿去吧，好好學習它。』第二天，我的老師就在我的懷裡仙逝了，從此，我和他的眾多弟子在這個世界上便失去了他的指引。」

「他曾經說過，『我想教你轉向創造者，而不是我，因為祂（創造者）才是唯一的力量、所有存在物的唯一源頭、唯一一個可以真正幫助你的力量，並且祂正在等待著你向祂祈求幫助。當你在試圖擺脫這個世界的束縛的過程中、在提升你自己超越這個世界的過程中、在你找尋生命意義的過程中以及在確定你生命目的的過程中尋求幫助的時候，你必須轉向創造者，祂（創造者）為了迫使你轉向祂（創造者）而給了你所有的這些渴望。』」

《超越世界》講的就是那個筆記本裡的內容，也包含其他一些激勵人的文章。這本著作適合所有那些想發現一種符合邏輯的、可靠的用來理解這個世界中的現象的方法的人來閱讀。這本書生動地介紹了啟迪心靈，鼓舞人心的卡巴拉智慧，使讀者們到達他們靈魂的深處，找到超越世界的精神之路。

《心裡之點：靈魂快樂的源泉》

The Point in the Heart：a Source of Delight for My Soul

《心裡之點：靈魂快樂的源泉》一書，是從麥可·萊特曼博士的一些課程精選摘要組成的一本書，麥可·萊特曼博士，依靠他驚人的智慧在北美和全世界範圍內贏得了越來越多專注的學生。麥可·萊特曼博士是一位科學家、一位卡巴拉學家同時是一個以令人信服的方式呈現古老智慧的偉大的思想家。

本書以一種獨特的和隱喻的語言編寫而成，心裡之點以真誠但耐人尋味的方式，回答了我們所有人類曾經問過的最深層的問題。當生命失去了控制，當我們需要一個獨自一人去反思的時刻，這本書將幫助我們重新發現那個位於我們內部的指南針。

這本書並不是要教你卡巴拉知識，而是向你輕柔地介紹一些從這個智慧中產生的思想的火花。《心裡之點》這本書是開啟一種新的認知的視窗。正如作者自己在書中做見證所說的，「卡巴拉智慧是一門有關情感的科學，一門有關快樂的科學，歡迎你開啟它，品嚐它。」

在卡巴拉中，「心」象徵著我們享樂的願望的總和。心裡之點就是我們開始問自己在這個世界上我們生命的意義是什麼時，那個特殊的親密時刻。它是當我們暫停下來並反思隱藏在我們不停在玩的那個「追逐遊戲」的背後到底是什麼的時刻，不是問我們是否真的需要它們，而是問為什麼我們需要它們的那個時刻。用萊特曼博士自己的話講，這就是「靈魂的開始，也是揭示愛的第一步」。當你在黑暗中需要「光」明時，這本心裡之點將成為你度過黑暗的蠟燭。

《卡巴拉智慧指南》

A Guide to the Hidden Wisdom of Kabbalah

卡巴拉智慧指南是一本對於卡巴拉初學者來說，深入淺出，通俗易懂，輕鬆愉快的讀物。它將深奧的卡巴拉智慧用一種清晰的方式介紹給讀者。該著作涵蓋了從卡巴拉歷史一直到這種智慧如何可以幫助我們解決世界危機等各個方面。

全書分三個部分：

第一部涵蓋了卡巴拉的歷史、事實和有關卡巴拉的謬論，並介紹了卡巴拉的關鍵概念；第二部說明了所有有關精神世界和其他相關的東西，包括希伯來字母的涵義和卡巴拉音樂的力量；第三部介紹了如何利用卡巴拉智慧認識和應對世界危機。

我們不需要剝奪我們經過多年的努力工作而獲得的並已經習慣的生活標準。實際上有一個更簡單的方法，可以讓人類不但可以度過這一危機和災難四伏的時期，而且可讓人類獲得我們曾經連夢想都想不到的東西，並實現生命的真正意義和目的。本書是學習卡巴拉，繼而掌握宇宙存在的奧祕，實現生命的意義的必讀著作。

《卡巴拉的基本概念》

Basic Concepts in Kabbalah

這本書幫助讀者理解卡巴拉的一些概念、精神世界裡的物體和有關精神世界的術語。透過反覆地閱讀這本書，讀者可以在他（她）心裡培養出之前並不存在的內在洞察力、感悟和理解能力。這些新獲得的觀察力就像一些感測器一樣，可以「觸及」到我們五種感官無法感知到的我們周圍的空間。

因此，《卡巴拉的基本概念》這本書旨在促進對有關精神世界的一些術語的思考。一旦我們理解了這些術語，我們就可以透過我們內心的視覺來感知我們周圍的精神世界的結構，如同一團迷霧消散之後一樣。這本書並不是旨在學習一些事實。相反，這本書的目標讀者是那些渴望喚醒他們可以擁有的最深層次和最微妙的感知的人們。

《永遠在一起》

Together Forever

從表面上來看，《永遠在一起》描寫的是一個針對孩子們的童話故事。但如同所有描寫生動的關於孩子們的故事一樣，它超越了年齡、文化和成長環境的界限。

在《永遠在一起》中，作者告訴我們，如果我們是父母，並忍受著我們一生中遭遇到的考驗的話，那麼我們將會變得更堅強、更勇敢和更睿智。我們不會變得越來越脆弱，相反，我們將學會創造我們自己的神話和奇蹟，就像一位魔術師一樣。

在這個暖人心房的故事裡，萊特曼博士與孩子和父母們分享了一些精神世界的魅力。卡巴拉智慧裡包含了許多引人入勝的故事。魔術師是這種永恆智慧的源頭給予的另一份禮物，這種智慧使我們的生活更豐富、更輕鬆和更充實。

卡巴拉初級著作

《卡巴拉入門》

Kabbalah For Beginners

《卡巴拉入門》這本書適合於所有正在尋找有關生命的一些最根本問題的答案的人去閱讀。我們所有人都想知道為什麼我們會在這裡、為什麼會有痛苦以及我們如何能夠使生活變得更快樂。這本書的四個部分準確地回答了這些問題，並清楚地闡明了卡巴拉的主旨及其實際運用。

第一部分討論了卡巴拉智慧的發現、它的發展過程以及它最後是如何被隱藏直至現在的；第二部分介紹了卡巴拉智慧的主旨，並使用了十張簡單的圖畫來幫助我們理解精神世界的結構和它們與我們的這個世界之間的關係；第三部分揭示了一些不為公眾所知的卡巴拉概念，第四部分闡明了你和我可以運用的一些實際方法，以使我們的生活對於我們和我們的孩子而言可以變得更美好和更愉快。

《卡巴拉智慧：卡巴拉啟示》

Kabbalah Revealed

這本書以其清晰易懂的寫作風格幫助讀者理解周圍的世界。它一共包括六個章節，每個章節都闡明了卡巴拉智慧的一個不同的方面，介紹了它的教義，並列舉了我們日常生活中的很多例子來解釋這些教義。

這本書的前三章解釋了為什麼世界正面臨一場危機、我們不斷增長的願望是如何在促使我們進步的同時又造成我們的分裂的、為什麼實現積極變化的最大的障礙源於我們自己的精神之中。第四章節到第六章節描述了能夠產生積極變化的藥方。從這些章節中，我們可以學到我們如何利用我們的精神來創造一種和所有創造物和諧共處的寧靜的生活。

《偉大的智慧》

Wondrous Wisdom

這本書講解了有關卡巴拉的一些基礎知識。類似於我們在這裡提到的所有書籍，《偉大的智慧》是基於由卡巴拉學家幾千年來傳授給學生們的正宗教義所凝練而成的。這本書的核心是一系列揭示卡巴拉智慧的本質以及解釋怎樣達成它的課程。對於那些詢問「我到底是誰？」和「為什麼我會在這個星球上？」的人來說，這本書是必讀著作之一。

《覺醒至卡巴拉》

Awakening to Kabbalah

萊特曼博士懷著敬畏之情對卡巴拉這一古代智慧進行了獨有見地的介紹。在這本書中，萊特曼博士不僅提供了一種對卡巴拉的基本教義的理解，也提供了你如何使用這種智慧來闡明你與其他人和你周圍世界之間的關係的更深層次的理解。

透過使用科學語言和詩歌語言，他探究了有關精神世界和存在的最深奧的問題。這本發人深思、獨特的指南將會鼓舞和激勵你跳出這個世界和你日常生活的限制來發現真理，接近創造者並達到靈魂的新的高度。

《卡巴拉智慧——從混沌走向和諧》

From Chaoes to Harmony

許多研究者和科學家都認為，自我（利己主義）為什麼是我們的世界現在處於危險的狀態的根源。萊特曼博士的這本具有開創性意義的書，不僅解釋了利己主義是整個人類歷史上所有苦難的基礎，而且還提示了我們如何將我們的苦難轉變為快樂的方法。

這本書清楚地分析了人類的靈魂和它的問題，並提供了一個「路標」

來指示我們如果我們想再次變得快樂的話，我們需要做些什麼。《從混沌走向和諧》解釋了我們如何能夠提升到一個個人、社會、國家和國際層次上的存在的新水準。

《解密光輝之書》

Unlocking The Zohar

《光輝之書》中包含著一種可將我們引向完美的非常特殊的力量。它具有一種使人渴望不停止地讀它的魔力。對於那些真正讀進去的人們，《光輝之書》就是一個生命能量和活力的源泉。擁有了它，我們就可以開始一個新的生命並與在這個世界上存在的美好與快樂相伴。

《解密光輝之書》是旨在容易為讀者理解的名為《所有人的光輝之書》的系列著作的介紹性著作。為了最好地利用這一系列著作，強烈推薦首先閱讀這本著作，這本書將會引領讀者正確地閱讀《光輝之書》，從而從中獲得最大的收穫。

閱讀本書並不需要你有任何特別的知識。本書第一部分解釋了《光輝之書》中蘊藏的智慧本質，它被隱藏數千年的原因，以及它如何在今天可以使我們受益；第二部分介紹了我們感知現實的方式和創造的藍圖，以及最終我們如何能夠透過解密《光輝之書》一起解開創造的祕密。

本書第三部分特別地從《所有人的光輝之書》中節選了一些精彩的篇章。在你閱讀完本著作之後，你將會感覺到《光輝之書》的力量並且享受它的收益。

卡巴拉中級著作

《卡巴拉經驗》

Kabbalah Experience

由這本書中的問題和答案所揭示的卡巴拉智慧的深奧程度將會激勵讀者去反思和沉思。這不是一本只需匆匆閱過的書，而是一本值得反覆推敲和仔細閱讀的書。這樣，讀者將會體驗到一種不斷增長的受到啟發的感覺，同時很容易地掌握那些每個卡巴拉學習者在學習卡巴拉的過程中都會問到的問題的答案。

《卡巴拉經驗》是一本關於人類從過去走向未來的指南，揭示了所有卡巴拉學習者在他們的卡巴拉之旅中的某些時候將會經歷的處境。對於那些珍惜生命中每一刻的人來說，這本書提供了一種對永恆的卡巴拉智慧的獨特理解。

《卡巴拉路徑》

The Path of Kabbalah

這本書很獨特地將卡巴拉初級著作與更高深的概念和教義結合了起來。如果你已經閱讀了一到兩本萊特曼博士撰寫的書籍的話，那麼你會發現這本書很容易讀懂。《卡巴拉路徑》這本書不僅提及了一些基本概念，例如，對現實的感知和自由選擇；而且還不斷深入和擴大了卡巴拉初級著作的範圍，例如，這本書比那些「純粹」的初學者閱讀的書籍更加詳細地解釋了世界的結構；這本書也描述了世俗物質世界的精神根源，例如，希伯來日曆和節日等。

卡巴拉高級著作

《對卡巴拉智慧的導讀》

The Science of Kabbalah, The Preface to the Wisdom of Kabbalah

麥可・萊特曼博士既是一位卡巴拉學家也是一位科學家，他撰寫這本書是為了向讀者介紹正宗的卡巴拉智慧的獨特語言和術語。萊特曼博士在這本書中以一種理性和謹慎的方式揭示了正宗的卡巴拉。讀者們可以逐漸地理解宇宙和存在於宇宙中的生命的邏輯設計。《對卡巴拉智慧的導讀》是一本在清楚的解析和深度上都無與倫比的具有開創性意義的著作，它吸引了許多智者，並使讀者們能夠理解巴拉蘇拉姆（耶胡達・阿斯拉格）的更多的學術著作，例如，《對十個 Sefirot 的研究》（The Study of the Ten Sefirot）和《光輝之書》（The Book of Zohar）。讀者在這本書中將享受到一些只有正宗的卡巴拉才可以回答的有關生命謎團的滿意答案。你可以一邊閱讀這本書，一邊為到達更高的世界的奇妙之旅做準備。

《對光輝之書的導讀》

The Science of Kabbalah, Introduction to the Book of Zohar

對於那些想理解《光輝之書》中隱藏的資訊的人來說，這本書和《對卡巴拉智慧的導讀》是必讀的。這本書中涉及到的許多有用的主題介紹了「根源和分枝語言」，如果沒有這種「根源和分枝語言」的話，那麼在《光輝之書》中描述的故事將僅僅是一些寓言和傳奇。《對光輝之書的導讀》將為讀者們提供理解正宗的卡巴拉智慧的一些必備工具，以使他們到達更高的世界。

《光輝之書：對阿斯拉格注釋的解讀》

The Zohar, Annotations to the Ashlag Commentary

《光輝之書》是卡巴拉智慧的一個永恆的源泉和所有卡巴拉文獻的依據。自從它在大約兩千年前出現以來，它就一直是卡巴拉學家們使用的主要文獻資料，通常也是唯一的文獻資料。

數百年來，卡巴拉都被隱藏了起來，不為大眾所知，因為人們適合學習它的時機還不成熟，還不適合學習它。然而，我們這一代人被卡巴拉學家們指定為可以理解《光輝之書》中的概念的第一代人。現在我們可以將這些概念運用於我們的生活中，而且必須開始實施卡巴拉智慧，否則人類將陷入越來越深重的災難和困苦之中。

透過一種獨特和運用暗喻的語言，《光輝之書》加深了我們對現實的理解並拓寬了我們的世界觀。雖然這本書只涉及了一個主題——如何和創造者取得聯繫，但它從不同的角度闡明了這一主題。這使得我們每個人都可以發現某個將使我們理解這種深奧和永恆的智慧的特定片語和單詞。

教科書

《我聽說的》

Shamati

麥可・萊特曼博士在這本書中寫道，在我的老師巴魯克・阿斯拉格（拉巴什）使用的所有文獻和筆記中，他總是帶一個特殊的筆記本。這個筆記本裡記錄了他和他父親之間的一些對話，他的父親是耶胡達・阿斯拉格（巴拉蘇拉姆），即《對光輝之書的蘇拉姆（階梯）的注釋》、《對十個 Sefirot 的研究》(The Study of the Ten Sefirot 對卡巴拉學家阿里的著作的注釋）和許多其他卡巴拉著作的作者。

在 1991 年 9 月的猶太人除夕，拉巴什感覺到不舒服，他把我叫到他的床邊，遞給我這個筆記本，這個筆記本的封面只有一個單詞，即 Shamati（即「我聽說」的意思）。當他把這個筆記本遞給我的時候，他說道，「拿去吧，好好學習它。」第二天，我的老師就在我的懷裡仙逝了。從此，我和他的眾多弟子在這個世界上便失去了他的指引。

為了實現拉巴什的遺言——傳播卡巴拉智慧，麥可・萊特曼博士按其原樣出版了這個筆記本，保留了這個筆記本神奇的轉變力量。在所有卡巴拉書籍中，《我聽說的》是一本最獨特和最富有吸引力的著作。

《卡巴拉學生用書》

Kabbalah For The Student

《卡巴拉學生用書》中包含了由耶胡達・阿斯拉格、他的兒子及繼承人巴魯克・阿斯拉格和其他一些偉大的卡巴拉學家所撰寫的正宗的卡巴拉文獻，內容博大精深，耶胡達・阿斯拉格是對《光輝之書》做出《蘇拉姆（階梯）注釋》的作者。這本書中包含了一些準確地描繪卡巴拉學家們所經歷的更高的世界的發展過程的圖解，也包含了一些導引性的文章，以幫助我們真正理解卡巴拉的最主要著作——《光輝之書》。

在《卡巴拉學生用書》中，萊特曼博士收集了卡巴拉學習者為到達精神世界所需要閱讀的所有文獻，萊特曼博士是巴魯克·阿斯拉格的首席弟子和個人助理。在他的每日課程中，萊特曼博士透過教授這些鼓舞人心的文獻來指引全世界的學生們學習卡巴拉，以幫助初學者和高級學員更好地理解在到達更高的世界的精神之旅中，我們要走的精神道路。這是真正學習卡巴拉智慧的必讀著作。

《拉巴什，有關社會的文獻》

Rabash：The Social Writings

巴魯克·阿斯拉格導師（拉巴什）在卡巴拉的歷史上扮演了一個非常顯著的角色，他為卡巴拉智慧和我們人類的經驗之間架設了最後的橋梁。由於他的特殊品格，他可以將自己完全隱藏在他的父親和老師，偉大的卡巴拉學家，耶胡達·阿斯拉格導師（人稱巴拉蘇拉姆）的光環之中。

然而，如果沒有拉巴什的著作，他父親想要向全世界揭示卡巴拉智慧的所有努力也將會無功而返。沒有他的著作，巴拉蘇拉姆如此想要我們達成精神世界的努力將不會實現。

在他的日常生活中，拉巴什是謙卑和自制的人生典範。雖然如此，他的著作卻充滿了對人的本性的深刻洞見。那些初看起來似乎很平常的語言實際上卻是通向人們心靈最深處的精確的情緒通道。他的著作向我們顯示在哪些關鍵的轉捩點上我們必須架設我們的階梯並開始攀登。在精神達成的旅程中，他會用其驚人的敏感度，一路陪伴我們度過那些我們將要遭遇的艱難和困惑。他的話語能夠使讀者和他們自己的本性達成條件，將恐懼和憤怒最快地轉化為自由、喜悅和信心。

沒有他的著作，特別是那些有關一個人在團隊中的角色的著作，我們將永遠不會從一個普通的卡巴拉熱愛者變成一個真正的卡巴拉學家。拉巴什是迄今為止唯一一位為這個世界中的任何一個人提供了一套清晰有效的方法，使得人們可以從他們的心裡之點覺醒的那一刻開始，直到他們透過在團隊中的工作實現他們的精神目標。

這本書裡收集的著作，不應只是簡單地用於閱讀，它更應該是一本實用的精神指南。

3

有關 Bnei Baruch 國際卡巴拉教育和研究中心

Bnei Baruch 是一支成立於以色列的卡巴拉學習團隊，它與整個世界共同分享卡巴拉智慧。超過三十種語言的學習材料是基於數千年世代相傳的正宗的卡巴拉文獻著作。

◎歷史和起源

麥可・萊特曼是本體論和知識理論的教授，擁有哲學和卡巴拉的博士學位以及醫學生物控制論的碩士學位，在 1991 年，當他的老師巴魯克・阿斯拉格（拉巴什）去世後，萊特曼博士創立了 Bnei Baruch 卡巴拉學習團隊。他將其命名為 Bnei Baruch（即「巴魯克之子」的意思）是為了紀念他的老師。萊特曼博士在他老師生命的最後十二年裡（即 1979 ～ 1991 年）從未離開過他的身邊。萊特曼博士是巴魯克・阿斯拉格的首席徒弟和個人助理，並被公認為真正卡巴拉智慧的教學方法的繼承人。

拉巴什是二十世紀最偉大的卡巴拉學家——耶胡達・阿斯拉格的長子和繼承人。耶胡達・阿斯拉格是《光輝之書》最權威和全面的注釋——《蘇拉姆注釋》（即「階梯的注釋」的意思）的作者。他是第一位揭示完整的精神提升的方法的卡巴拉學家，並被稱為巴拉蘇拉姆（即「階梯的主人」的意思）。

現在，Bnei Baruch 國際卡巴拉教育和研究中心的所有學習方法都基於這兩位偉大的精神導師鋪設的道路之上。

◎學習方法

Bnei Baruch 每天傳授並應用巴拉蘇拉姆和他的兒子拉巴什發展出來的獨特的學習方法。這種方法依據正宗的卡巴拉資源，例如，西蒙・巴爾・約海所著的《光輝之書》、阿里所著的《生命之樹》以及巴拉蘇拉姆所著的《對十個 Sefirot 的研究》（The Study of the Ten Sefirot）。

學習卡巴拉不僅需要正宗的卡巴拉資源，而且還需要簡單易懂的語言和一種科學、現代的學習方法。這種學習方法得到了不斷的發展，並使 Bnei Baruch 成為以色列和整個世界的國際公認的教育機構。

這種學習方法獨特地將學術研究方法和個人經歷結合在了一起，拓展了學生們的視野，並使他們獲得了對他們生活著的現實的一種全新的感知。這樣，那些走在精神之路上的學生便獲得了研究他們自身和他們周圍的現實的必備工具。

◎信息

Bnei Baruch 是由全球成千上萬學員組成的進行多種傳播活動的一個機構。每個學員根據自己的個人條件和能力選擇自己的學習途徑和強度。Bnei Baruch 傳播的資訊的本質很廣泛，即團結人民、團結各民族和愛每一個人。幾千年來，卡巴拉學家們一直都在教授人們之間的愛是所有人類關係的基礎。這種愛在亞伯拉罕、摩西和他們成立卡巴拉學習團隊的那個時代得到了廣泛的傳播。如果我們吸收了這些古老但又現代的價值觀的話，那麼，我們將會發現我們擁有了能忽略我們之間的不同而團結在一起的力量。

隱藏了數千年的卡巴拉智慧如今已浮現出來，它一直在等待一個我們人類已經充分發展並準備好執行它的資訊的時機。現在，它成為了一種可以團結世界各民族的方法，並使我們所有人能夠迎接目前的挑戰，無論是個人還是社會。

◎活動

創立 Bnei Baruch 的前提是「只有透過廣泛地向公眾傳播卡巴拉智慧，我們才能夠得到完全的救贖」（出自巴拉蘇哈姆）。因此，Bnei Baruch 向人們提供了各種各樣的方法，以使他們探索和發現他們生命的意義，並為初學者和高級學員提供精心的指導。

◎卡巴拉電視

Bnei Baruch 成立了一家阿斯拉個研究中心電影製作公司（ARI Films）（www.arifilms.tv），這家電影公司主要致力於製作多種語言的和全世界範圍內的卡巴拉教育電視節目。

Bnei Baruch 在以色列擁有自己的電視台，透過有線電視和衛星 24/7 播出。這些電視節目也在 www.kab.tv 上播出。而且，這個電視頻道上的所有電視節目都是免費的。這些電視節目適合所有學員，包括初學者和最高級學員。

此外，阿里電影製作公司也製作卡巴拉教育故事片和紀錄片。

◎網路網站

Bnei Baruch 的國際網站（www.kab.info）上有正宗的卡巴拉智慧的一些資源，包括文章、書籍和原始文獻。它是網路上至今為止最大的一個正宗卡巴拉資源庫，並向讀者提供了一個獨一無二的、涵蓋面極廣的圖書館，以便讀者們充分地探索卡巴拉智慧。此外，卡巴拉媒體文檔（www.kabbalahmedia.info）上包含了五千多個媒體資料，可下載書籍和大量的多語種文獻、視頻和音頻檔。

Bnei Baruch 線上學習中心為初學者提供了獨特、免費的卡巴拉課程，引導學生在他們舒適的家中學習深奧的卡巴拉智慧。萊特曼博士的每日課程也在 www.kab.tv 上直播，並附有補充性的文本和圖表。

以上所有資源都是免費提供的。

◎報紙

《今日卡巴拉》是由 Bnei Baruch 每月免費發行的一種報紙，它有四種語言版本，包括英語、希伯來語、西班牙語和俄語。其風格簡單易懂、富有現代感，內容與政治、商業無關。《今日卡巴拉》的目的是為了以一種簡單易懂、生動的樣式和風格向世界各地的讀者們免費揭示卡巴拉智慧中隱藏著的大量知識。

《今日卡巴拉》目前在美國的每一個主要城市、加拿大的多倫多、英國的倫敦和澳大利亞的雪梨免費發行。它以英語、希伯來語和俄語印刷，並且在 www.kabtoday.com 上也可閱讀。

此外，訂閱者只需支付郵費便可閱讀到該報紙的紙張版。

◎卡巴拉書籍

Bnei Baruch 出版正宗的由耶胡達．阿斯拉格（巴拉蘇拉姆）、他的兒子巴魯克．阿斯拉格（拉巴什）和麥可．萊特曼撰寫的書籍。耶胡達．阿斯拉格和拉巴什的著作對充分理解正宗的卡巴拉教義至關重要，萊特曼博士在他的每日課程中解釋這些正宗的卡巴拉教義。

萊特曼博士基於巴拉蘇拉姆提出的一些核心概念，以一種簡單易懂、現代的風格來撰寫他的著作。這些著作是現在的讀者和原始文本之間的一條重要的紐帶。所有這些書籍都有銷售，也可以在網上免費下載。

◎卡巴拉課程

正如卡巴拉學家們多少世紀以來一直所做的那樣，麥可．萊特曼博士每天凌晨三點至六點（台北時間是上午九點至十二點）在以色列的 Bnei Baruch 國際卡巴拉教育和研究中心講課。萊特曼博士用希伯來語講課，現在這些課程被每天同步翻譯為七種語言：英語、俄語、西班牙語、法語、德語、義大利語和土耳其語。正如其他所有活動一樣，這些直播節目也是免費提供給全球數百萬學生的。

◎經費

Bnei Baruch 國際卡巴拉教育和研究中心是一個教授和分享卡巴拉智慧的非營利性機構。為了保持其獨立性和意圖的純潔性，Bnei Baruch 不接受任何政府或政治組織的支援和資助，也和它們沒有任何關聯。

由於其大部分活動都是免費提供的，團隊活動經費的主要來源是捐款和什一稅——學生在其自願的基礎上的奉獻和以成本價出售的麥可．萊特曼博士的書籍的所得。

Even if the future is not clear and there are various opinions, the trend of our advancement has to be understood: Human development leads to its full integration. And although this development towards unity takes place contrary to our personal, state, and national egoism, we must accept this natural evolution as an obligation, as a fact, and make decisions in accordance with it to aviod further blows".

“儘管未來對我們來講還不清晰，也存在著各種各樣的觀點，我們還是必須瞭解我們發展的趨勢：人類的發展最終必然導致全人類的完全融合。儘管這種向著團結統一的方向的發展與我們個人的、國家的或者民族的利己主義目標是對立的，但是，我們不得不接受這種自然的進化發展是一種必然，並把它看作是一個事實，進而做出順應這一發展趨勢的相應決策，以免招致自然更大的打擊。”

——麥可・萊特曼博士

如何聯繫我們

網站 Internet:
www.kabbalah.info/cn

卡巴拉電視 Kabbalah TV
www.kab.tv

網路書店 Bookstore
www.kabbalahbooks.info

學習中心 Learning Center
edu.kabbalah.info

電子信箱 E-mail
chinese@kabbalah.info
info@kabbalah.info

Bnei Baruch Association
PO BOX 3228
Petach Tikva 49513
Israel

Kabbalah Books
1057 Steeles Avenue West, Suite 532
Toronto, ON, M2R 3X1
Canada
E-mail: info@kabbalahbooks.info
Web site: www.kabbalahbooks.info
USA and Canada:
Tel: 1 416 274 7287
Fax: 1 905 886 9697

www.ingramcontent.com/pod-product-compliance
Lightning Source LLC
Chambersburg PA
CBHW071222080526
44587CB00013BA/1464
* 9 7 8 1 7 7 2 2 8 1 1 3 2 *